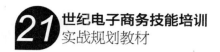
21世纪电子商务技能培训
实战规划教材

直播电商基础与实务
实 训 教 程

胡龙玉◎编　著

Basic and
Practical Training
Course for
Live E-commerce

内 容 提 要

本书作为一本直播运营基础的教学用书，一切从实际应用出发，系统地介绍了直播运营的基础知识，以行业实战应用为学习目标，全面讲解了直播运营过程中一些必备的实战技能。

本书一共包含6个项目，内容包括走进直播电商、直播电商项目策划、做好直播前的准备、直播过程实施与控制、直播间推广引流、直播数据分析与复盘等。每个项目中都包含课前导学、任务实训及课后习题等内容版块，帮助读者明确学习目标，熟练掌握每个项目的知识和技能。

本书由多年从事直播运营教学的一线知名教师编写，具有很强的针对性和实用性，且结构严谨、叙述清晰、内容丰富、通俗易懂。本书是专为高等职业院校和大学本科院校电子商务专业课程设计的基础与行业实训的精品教材，得到众多院校教师的一致好评。本书可以作为电子商务相关专业的实战教材，也可以作为直播运营培训班的学习手册。

图书在版编目（CIP）数据

直播电商基础与实务实训教程/胡龙玉编著. —北京：北京大学出版社，2024.1
ISBN 978-7-301-34423-1

Ⅰ.①直… Ⅱ.①胡… Ⅲ.①网络营销—教材 Ⅳ.① F713.365.2

中国国家版本馆 CIP 数据核字（2023）第 174710 号

书　　　名	直播电商基础与实务实训教程 ZHIBO DIANSHANG JICHU YU SHIWU SHIXUN JIAOCHENG
著作责任者	胡龙玉　编著
责 任 编 辑	王继伟　吴秀川
标 准 书 号	ISBN 978-7-301-34423-1
出 版 发 行	北京大学出版社
地　　　址	北京市海淀区成府路 205 号　100871
网　　　址	http://www. pup. cn　新浪微博：@北京大学出版社
电 子 邮 箱	编辑部 pup7@pup. cn　总编室 zpup@pup. cn
电　　　话	邮购部 010-62752015　发行部 010-62750672　编辑部 010-62570390
印 刷 者	北京飞达印刷有限责任公司
经 销 者	新华书店
	787 毫米×1092 毫米　16 开本　12 印张　272 千字 2024 年 1 月第 1 版　2025 年 2 月第 2 次印刷
印　　　数	3001-5000 册
定　　　价	59.00 元

未经许可，不得以任何方式复制或抄袭本书之部分或全部内容。
版权所有，侵权必究
举报电话：010-62752024　电子邮箱：fd@pup.cn
图书如有印装质量问题，请与出版部联系，电话：010-62756370

前言 PREFACE

就在大家恍然未觉时,直播热潮已经席卷了全球,成为当下的热门营销方式之一。随之而来的是多个行业与直播相结合,创造出多个经济奇迹。也正因如此,越来越多的人涌入直播行业,通过丰富自己的知识基础和实操经验,来增加自己的收入。

如果您是直播运营的初学者,本书是您入门的良师;如果您是中级用户,本书会让您进一步提高直播操作技巧;如果您想要尝试直播带货,从事直播运营相关工作,本书对您会有极大的帮助;如果您是教师,这一定是让您满意的教材。

本教程能帮您在轻松愉快的环境中尽快掌握直播运营的基础知识和实战操作技能。项目化任务驱动式教学方法是本教程的最大特点。本书由浅至深,详细讲解了直播运营中的多个重要环节。

本教程以【项目导入】+【学习目标】+【课前导学】+【任务实训】+【项目评价】+【思政园地】+【课后习题】的方式组织教学。结合直播运营的实际应用,本书共分6个项目。项目一:走进直播电商,主要介绍直播电商的特点、模式以及当下热门直播平台。项目二:直播电商项目策划,主要讲解直播运营中的重要环节,如团队搭建、场景搭建以及货品选择等。项目三:做好直播前的准备,主要讲解直播宣传资料的撰写、直播预告发布以及直播脚本、话术等的搭建。项目四:直播过程实施与控制,主要讲解直播开播管理以及直播中控台的操作。项目五:直播间推广引流,主要讲解淘宝直播、抖音直播等热门直播平台的流量入口构成分析,以及常见的直播间推广引流方法与技巧。项目六:直播数据分析与复盘,主要讲解直播数据分析思路、常用指标,以及直播复盘与总结。

本书内容涵盖了直播运营的相关概念、操作步骤和实战技巧,内容全面，循序渐进，典型实用，可以帮助读者在最短的时间内熟练地掌握直播运营的基础知识，助力直播间销售额快速增长。

在内容编排上，本教程充分体现了以实际操作技能为本的思想，在每一个项目中都设计了可操作性较强的课堂实训任务，将基础知识与实战操作相结合，总结和强化所学的知识要点。

本书由多年从事直播运营教学的一线知名教师主编，具有很强的针对性和实用性，是专为高等职业院校和大学本科院校电子商务相关专业课程打造的一本基础与行业应用实战的精品实训教材。另外，本书还可以作为电子商务相关专业的实战教材，也可以作为直播运营培训班的学习手册。

同时，为了方便读者学习和教学，本书不仅配套了**教学大纲**，还配套了**电子教案和2套题库**。读者可扫描下方二维码，关注微信公众号"博雅读书社"，输入本书77页的资源下载码，即可获得本书的下载学习资源。

再一次感谢您选择了本书。

编　者

目录 CONTENTS

项目一 走进直播电商 1

项目导入 1
学习目标 1
课前导学 2
    1.1   初识直播电商 2
    1.2   直播电商模式与流程 6
    1.3   直播电商平台选择 11
    1.4   直播电商面临的法律风险 16
任务实训 17
    任务一 ▶ 淘宝直播开播操作 17
    任务二 ▶ 抖音直播开播操作 19
    任务三 ▶ 快手直播开通操作 22
项目评价 23
思政园地 24
课后习题 25

项目二 直播电商项目策划 27

项目导入 27
学习目标 27
课前导学 28

	2.1	直播带货形式及定律	28
2.2	组建直播团队	32
2.3	选择直播间商品	40
2.4	搭建直播场景	53

任务实训 63
    任务一 ▶ 分析直播间商品结构 63
    任务二 ▶ 购置直播设备 65

项目评价 68

思政园地 69

课后习题 69

项目三 做好直播前的准备 71

项目导入 71

学习目标 71

课前导学 72
    3.1 制作直播宣传资料 72
    3.2 发布直播预告 84
    3.3 设计直播脚本 90
    3.4 策划直播话术 95
    3.5 直播间商品讲解要点拆解 98

任务实训 101
    任务一 ▶ 剪辑直播预告视频 101
    任务二 ▶ 设计护肤品整场直播脚本 104

项目评价 107

思政园地 108

课后习题 109

项目四 直播过程实施与控制 111

项目导入 111
学习目标 111
课前导学 112
  4.1 直播开播管理 112
  4.2 直播中控台操作 118
任务实训 131
  任务一 ▶ 手机端添加直播商品 131
  任务二 ▶ 设置直播间红包 132
项目评价 134
思政园地 135
课后习题 135

项目五 直播间推广引流 137

项目导入 137
学习目标 137
课前导学 138
  5.1 抖音直播间流量入口构成分析 138
  5.2 淘宝直播间流量入口构成分析 143
  5.3 直播间推广引流方法与技巧 151
任务实训 160
  任务 ▶ 修改抖音昵称 160
项目评价 161
思政园地 162
课后习题 163

项目六 直播数据分析与复盘 164

项目导入 **164**
学习目标 **164**
课前导学 **165**
    6.1 直播数据分析思路与常用指标 165
    6.2 直播复盘与总结 176
任务实训 **181**
    任务 ▶ 分析直播数据 181
项目评价 **182**
思政园地 **183**
课后习题 **184**

项目一
走进直播电商

【项目导入】

随着以直播为载体的内容营销方式的火热,直播已经成为开展营销活动的重要手段。并且随着平台对直播活动的持续投入,用户逐渐养成了直播购物的习惯,从而逐渐形成直播营销产业链。因此,大家应该认识直播电商这种营销方式的特点、模式、发展流程,以及平台的选择。

【学习目标】

知识目标

(1)学生能说出直播电商的特点。
(2)学生能说出直播电商的现状与发展趋势。
(3)学生能说出直播电商的3种模式。
(4)学生能说出直播电商的基本流程。
(5)学生能说出直播营销活动流程。
(6)学生能说出常见的直播电商平台。
(7)学生能说出淘宝直播的生态特征。
(8)学生能说出抖音直播的生态特征。
(9)学生能说出快手直播的生态特征。
(10)学生能说出微信直播的生态特征。

能力目标

(1)学生能根据操作流程完成淘宝直播账号注册。

（2）学生能够根据操作流程完成淘宝直播开通操作。

（3）学生能够根据操作流程完成抖音直播开通操作。

（4）学生能够根据操作流程完成快手直播开通操作。

素质目标

（1）学生具有敏锐的洞察能力。

（2）学生具备总结归纳能力。

（3）学生具备独立思考能力。

（4）学生具备较强的实践能力。

课前导学

1.1 初识直播电商

传统意义上的直播，指广播电视节目的后期合成与播出同时进行的播出方式，如以电视或广播平台为载体的体育比赛直播、文艺活动直播、新闻事件直播等。基于互联网的直播，即用户以某个直播平台为载体，利用摄像头记录某个事件的发生、发展进程，并在网络上实时呈现，其他用户在相应的直播平台上能直接观看并进行实时互动。

直播电商，则是指企业、品牌商以直播平台为载体进行营销活动，以达到提升品牌影响力和提高商品销量目的的一种营销活动。

1.1.1 直播电商的特点

直播电商是个基于视频的互动社交新模式，也是一个时效性强、互动性强的媒介，更是一个更加直观的营销方式。直播电商的特点如图 1-1 所示。

图 1-1 直播电商的特点

1. 即时互动性

网络直播是时效性最强的媒介，且直播的形式可以增强用户的现场参与感，同时可以方便主播与用户进行实时互动，用户之间也可以通过弹幕相互讨论，如此便可营造出一种欢乐轻松的氛围。

在直播间，用户可以直接向主播提出疑问，主播也可以及时给予回答。如图 1-2 所示，用户可以询问商品的尺码，主播也可以及时回答用户问题，比传统电商的互动性更强。同时，在直播间中还可以设置互动活动，如抽红包、抽奖、发优惠券等，增强用户的活跃度与参与感。

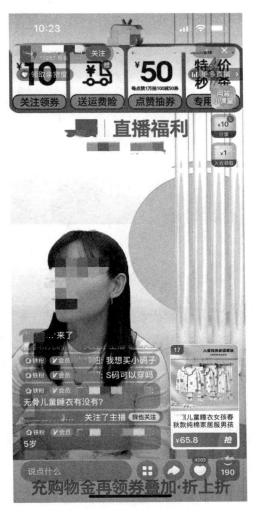

图 1-2　直播间用户与直播的互动

2. 场景真实性

相较于图文，直播更能展现商品及商品的使用场景，这也有利于提高用户对于商品及主播的信任，从而加大下单概率。

电商直播与最初的电视购物有着密切的联系，电视购物通过主持人叫卖＋模特展示的形式完成商品销售；电商直播通过主播推广+自我展示的形式完成商品销售。某淘宝店的直播页面如图1-3所示，主播在直播中一边试穿，一边介绍和讲解衣服的特点，将产品信息更好地传播给用户。相比于网店的图文展现，直播可以更好地展示商品的特点，用户通过直播可以更直观、更全面地了解商品的材质、样式、尺码和颜色等参数。

图1-3　某淘宝店的直播页面

相较于经过层层包装的场景和商品而言，用户也更喜欢真实的内容，直播电商通过镜头走进用户视野，满足了用户对真实性的要求。如常见的"直播+农业""直播+美食""直播+生产"等，在丰富营销内容的同时，也提高了场景真实性。

3. 营销效果直观性

传统营销广告不仅有高额的成本费用，营销效果也不可控。有的电视广告的投入费用甚至大于它的营收费用。但直播营销不仅费用低，还可以迅速看到营销效果。而且在直播营销中，用户容易被主播的介绍和试用所打动,也容易被其他用户的好评和下单行为激发购买欲。而且在一场直播营销结束后,可立刻统计整场直播的观看人数、礼物数以及订单数,直观地查看营销效果。

1.1.2 直播电商的现状与发展趋势

我国的直播电商起源于传统电商,是一种新业务模式,经过几年的沉淀已经日益成熟。如图1-4所示,直播电商经过了探索期和发展期,来到了成熟期。

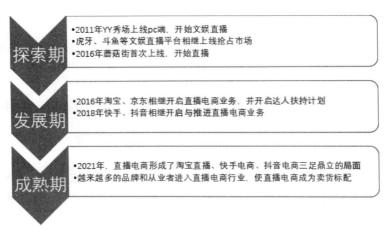

图1-4 直播电商发展阶段

根据2018年至2022年直播电商企业财报来看,直播电商交易规模呈递增趋势,如图1-5所示。

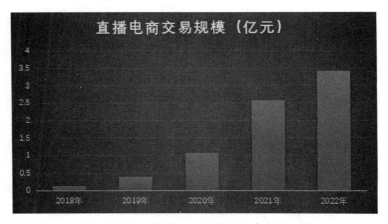

图1-5 2018年至2022年直播电商交易规模

由此可见,直播电商已经进入了成熟阶段,其交易规模也在不断扩大,成为当下必不可少的一种营销方法。

在直播电商发展过程中,我国相继出台多条与之相关的政策。未来,随着直播电商的发展,相关政策和监管措施也会更加完善,保障直播电商步入规范化、可持续化发展。直播电商从行业端、技术端来看,发展趋势如下。

- 行业端：直播内容将更加精细化，带货品类也将更加垂直化。
- 技术端：随着5G技术嵌入，直播场景将会更加多元化，也将展现更多清晰、具有沉浸体验的内容。
- 人才端：将会加速人才系统化培养，直播电商与就业双向利好。
- 商家端：将会更加注重精细化直播内容定制，重点发展私域直播。

1.2 直播电商模式与流程

想要更加全面地了解直播电商，需要了解电商直播模式、直播基本流程，以及营销活动流程规划。

1.2.1 直播电商模式

直播模式多种多样，不同模式的直播可以满足不同用户的爱好和需求，这里主要介绍电商直播模式、短视频直播模式等。

1. 电商直播模式

电商直播指的是在电商平台中镶嵌直播功能的模式，如常见的淘宝直播、拼多多直播、京东直播等。电商直播模式可以利用电商平台流量来带动直播流量，在直播有足够多的流量时，又来反哺电商。例如，淘宝用户可通过手机"淘宝"首页中的"直播"入口，进入到直播间，如图1-6所示，分到淘宝平台的流量；用户在查看直播后，又在直播间（淘宝平台）下单，如图1-7所示，提高淘宝平台的销量。

图1-6 "淘宝"App首页的"淘宝直播"入口

图1-7 淘宝直播商品展示页面

在电商直播中，用户可以询问与商品有关的问题并购买商品，主播也可以实时解答用户的提问，并进行商品营销。

2. 短视频直播模式

短视频直播模式主要出现在短视频平台中，如抖音、快手等平台，通常需要短视频平台的内容孵化，在看视频后再进入直播间或关注账号后进入直播间，单击直播间商品下单购买。

例如，用户在使用抖音 App 观看感兴趣的短视频内容时，刷到大数据推送的与直播相关视频，如图 1-8 所示，可以看到该账号视频头像有"直播中"字样。点击该头像，系统自动跳转到与之相关的直播间，如图 1-9 所示。用户如果对直播间的商品感兴趣，可直接下单购买。整个购物流程不仅便捷且富有娱乐性，更容易被用户所接受。

图 1-8 "抖音" App 中的某条视频

图 1-9 抖音直播商品展示页面

3. 直播电商平台模式

除以上两种模式外，还有一种直接利用直播内容为主的电商营销模式也较为常见，其主要应用在美妆行业和跨境行业中。通过直接展示商品，在线解决用户疑问，促成订单。

以上三种直播电商模式中，电商直播模式和短视频直播模式更为常见，用户量也更大，建议新手商家或主播先从这两种模式入手。

1.2.2 直播电商的基本流程

在开启一场直播之前，直播运营团队要对直播整体流程进行规划和设计，以保障直播能顺畅进行。常见的直播电商流程如图 1-10 所示，涵盖了 6 大方面。

图 1-10　直播电商的基本流程

1. **写方案：将抽象思路具体化**

俗话说"不打无准备的战"，在开启一场直播之前，必须先写直播方案，将一些抽象思路具体化。如表 1-1 所示，直播方案要点包括直播目标、直播简介、人员分工等。

表 1-1　直播方案要点

直播方案要点	说　明
直播目标	明确直播需要实现的目标、期望吸引的用户人数等
直播简介	对直播的整体思路进行规划与描述，如直播形式、直播平台、直播特点、直播主题等
人员分工	对直播运营团队中的人员进行职责分工
时间节点	明确直播中各个时间节点，如前期筹备时间点、宣传预热时间点、直播开始时间点，以及直播结束时间点等
预算	规划整场直播活动的预算情况，做到心中有数

2. **做宣传：做好直播宣传规划**

直播具有时间限制，不像传统的图文营销可以不限时、不限次数地查看。因此，大家要利用好直播的数个小时，让营销效果达到最大化。这也要求大家在开启直播之前，做好宣传规划工作，如选择合适的宣传平台、宣传形式、宣传频率等。

常见的宣传平台包括热门社交平台，如微博、微信公众号、抖音、快手等；具体的宣传形式则可以是图文或视频；至于具体的频率需要结合实际情况而定。例如，某知名主播在微信公众号发布的直播预告详细说明了直播主题、开播时间等内容，如图 1-11 所示。

3. **备硬件：筹备直播活动硬件支持**

直播离不开硬件设备的支持，如一场直播的场地选择、直播设备选择以及直播辅助设备选择等。具体的这些硬件内容，将在后续章节中详细讲解。

4. **开直播：直播的执行**

在开启直播前，需要对直播执行环节进行拆解，分析各个环节的操作要点。

- 直播开场：通过开场互动让用户了解本场直播的主题、内容等，使用户对本场直播产生兴趣，并停留在直播间。

项目 一　走进直播电商

图1-11　某知名主播在微信公众号发布的直播预告

- 直播过程：借助营销话术、发红包、发优惠券、才艺表演等方式，进一步加深用户对本场直播的兴趣，让用户长时间停留在直播间，并产生购买行为。
- 直播收尾：向用户表示感谢，并预告下场直播的内容，引导用户关注直播间，将普通用户转化为直播间的忠实粉丝；引导用户在其他媒体平台上分享本场直播或本场直播中推荐的商品。

5. 再传播：二次传播，放大直播效果

流量是直播电商的基础条件之一，只有无限放大直播的影响力，才有可能吸引到更多的用户关注直播。因此，即使是在结束一场直播后，也可以将直播进行二次传播，放大直播效果。例如，很多主播、商家会将直播录制成视频，分享在各大社交平台，其目的就是再次传播。图1-12为某直播账号将录制的直播内容分享在新浪微博的截图。

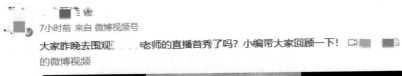

图 1-12 某直播账号将录制的直播内容分享在新浪微博的截图

6. 做复盘：直播后经验总结

在直播营销中，复盘就是直播运营团队在直播结束后对本次直播进行回顾，评判直播营销的效果，总结直播的经验教训，为后续直播提供参考。

1.2.3 直播营销活动流程规划

一般直播营销活动的时间都比较长，所以在直播之前要做好直播营销活动的流程规划。合理的直播营销活动流程规划可以帮助主播更好地控制直播节奏，保障直播的顺利进行。这里介绍"过款式"活动和"循环式"活动流程策划。

1. "过款式"流程

过款式直播是指在一定时间内，按照顺序介绍多款商品。例如，某直播间的过款式直播时间安排及直播内容如表 1-2 所示。

表 1-2 过款式直播时间安排及直播内容

时间安排	直播内容
20:00—20:10	热场互动
20:10—20:30	介绍本场直播第一款商品
20:30—20:50	介绍本场直播第二款商品
20:50—21:00	与用户互动环节
21:00—21:20	介绍本场直播第三款商品
21:20—21:40	介绍本场直播第四款商品
21:40—22:00	再次将本场直播中所有商品快速地介绍一遍

2. "循环式"流程

循环式直播是指在一定时间内,循环推荐几款主推商品,特别适用于商品种类少的直播间。例如,某直播间的循环式直播时间安排及直播内容如表 1-3 所示。

表 1-3 循环式直播时间安排及直播内容

时间安排	直播内容
20:00—20:10	热场互动
20:10—20:40	介绍本场直播中的三款主推款商品
20:40—20:50	介绍本场直播中的一款"宠粉款"商品
20:50—21:20	介绍本场直播中的三款主推款商品(第一次循环)
21:20—21:30	介绍本场直播中的一款"宠粉款"商品(第一次循环)
21:30—22:00	介绍本场直播中的三款主推款商品(第二次循环)
22:00—22:10	介绍本场直播中的一款"宠粉款"商品(第二次循环)

1.3 直播电商平台选择

自从直播电商火爆以后,各直播平台犹如雨后春笋般涌现。常言道,选择大于努力。只有选对了直播平台,并坚持不懈地深耕下去,才可能在直播领域取得理想成果。那么,应该如何选择直播平台呢?首先应该认识几种常见的直播电商平台,再了解一些具有代表性的直播平台及其生态特征。再根据自己所擅长的技能,来选择符合自己定位的直播平台即可。

1.3.1 常见直播电商平台

直播平台是直播产业链中不可或缺的一部分,它为直播提供了内容输入和输出的渠道。根据直播平台的主打内容来划分,目前市场上的直播平台可以分为综合类直播平台、电商类直播平台、短视频类直播平台和教育类直播平台 4 种类型,如图 1-13 所示。

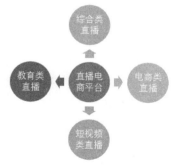

图 1-13 常见电商直播平台

1. 综合类直播平台

综合类直播平台指包含户外、生活、娱乐、教育等多种直播类目的平台,用户在这类平台上可以观看的内容较多。目前,具有代表性的综合类直播平台有斗鱼、虎牙、YY 直播、花椒直播、映客等。

- 斗鱼：斗鱼TV是一家弹幕式直播分享网站，前身为"ACFUN生放送直播"，其直播内容涵盖游戏、体育、综艺、娱乐、户外等方面。斗鱼直播作为国内较早的直播平台，在直播市场中占据着一定的地位。早在2016年，斗鱼就推出了"直播+"发展战略，以发展泛娱乐。
- 虎牙：虎牙直播是一个以游戏直播为主的互动直播平台，前身是YY游戏直播，于2014年11月21日上线，涵盖的内容包括娱乐、综艺、教育、户外、体育等方面。
- YY直播：YY是国内网络视频直播行业的奠基者，成立于2005年，并于2012年在美国上市。YY致力于打造全民娱乐的互动直播平台，其直播内容涵盖音乐、科技、户外、体育、游戏等方面。
- 花椒直播：花椒直播于2015年上线，是一个具有强属性的移动社交直播平台，已有数百位明星入驻。
- 映客：映客是北京蜜莱坞网络科技有限公司开发的一款直播软件，它开创了"全民直播"的先河，为打造人性化的社交平台做出了突出贡献。映客于2015年5月上线，在同年6月17日就进入了腾讯应用宝App 5月榜。

2. 电商类直播平台

电商类直播平台主要是指淘宝直播、京东直播、拼多多直播等，这些平台以为用户提供商品营销渠道为主。因为这些平台一般会有一定的基础流量，对商品的销售更有利，所以直播板块常常都依附在购物类平台中。

- 淘宝直播：淘宝可以说是中国最早开始进行电商直播的平台，这得益于淘宝自身的电商基因。虽然至今仍保持着最大的电商直播交易份额，但淘宝直播并没有建立起非常活跃的直播氛围，这可能是因为淘宝对直播商家的入驻门槛有较高的要求。
- 京东直播：京东直播主要是针对入驻京东的商家，平台默认所有商家都有直播权限。在京东平台的后台找到"京东直播"，直接进入即可。也可以通过京东内容开放平台，申请相应权限之后即可进入京东直播。
- 拼多多直播：2019年下半年，拼多多推出了多多直播，只要是拼多多的商家，都拥有直播权限，可以随时开启直播。另外，拼多多也正在组建自己的直播机构体系，目前有较大的发展空间。通过近两年的飞速发展，拼多多在下沉市场有了不小的影响力，随着平台的逐渐成熟化与下沉市场人群的成长，必然会对产品、服务、品质提出更高的要求，对于一些商家来说应该还会有很多的机会。

3. 短视频类直播平台

短视频类直播平台指以短视频来连接用户与直播的平台，如目前较为火热的抖音、快手、视频号等。

4. 教育类直播平台

教育类直播平台如网易云课堂、千聊、荔枝微课、小鹅通等。教育类直播平台支持知识分享者采取视频直播或语音直播的形式与用户分享知识，在直播过程中，知识分享者可以与用户进行实时互动，针对用户提出的一些问题进行在线解答。

1.3.2　4个具有代表性的直播平台

常见的电商直播平台很多，下面详细介绍4个具有代表性的直播平台。

1. 淘宝直播：引领直播带货爆发式增长

淘宝直播是阿里巴巴旗下的直播平台，于2016年3月开始运营，它主要定位于消费类直播，与秀场直播、游戏直播有着较为明显的差别。淘宝直播覆盖了美妆、服饰、食品、母婴等行业。

在2021年6月1日零点，淘宝直播的主播和商家们将天猫618的营销氛围推向高潮，仅用了1个小时，淘宝直播成交额就超过了2020年618（6月18日）全天！由此可见，淘宝直播的影响力在强劲增长。

淘宝直播分为店铺直播和达人直播两大类。店铺直播就是通常所说的天猫店铺直播和淘宝店铺直播。达人直播则是指具有达人资格的直播，达人必须经过淘宝官方认证的直播机构，由机构开通具有直播权限的账号才能直播。无论是店铺直播还是达人直播，都必须通过严格的审核后才能开通直播。以下是创建直播间的步骤。

▶**第1步**　下载并登录淘宝主播App，进入首页，点击"主播入驻"按钮，如图1-14所示。

图1-14　淘宝主播首页

◉**第2步** 跳转至主播入驻页面,根据提示完成实人认证(面部识别确认为本人),点开"直播开店"按钮,设置店铺昵称,选中"同意以下协议"按钮,点击"完成"按钮,如图1-15所示。

◉**第3步** 跳转至入驻成功页面,点击"开播领奖励"按钮,如图1-16所示。

图1-15 主播入驻页面　　　　图1-16 主播入驻页面

根据以上操作,即可创建一个淘宝主播账号。

2. 抖音直播:内容"种草",聚焦潮流生活态度

抖音作为目前最火爆的短视频平台,仅用了一年时间,就成为日活(每天活跃用户数)4亿的主流App。无论是在街头、地铁还是商场,都能看到有人在玩抖音,作为现象级产品,同时又天生带有直播基因,因此走上直播电商之路是很容易的。目前抖音的电商业务主要以短视频、直播带货为主。

众所周知,抖音之所以能赢得用户的青睐,主要是靠短视频。抖音走的是"短视频聚粉,直播变现"这样一条快捷而简单的变现途径。但在火爆的2019年,抖音并未把直播作为主要的变现途径,而是试图通过短视频链接商品的形式,以内容对用户进行种草,虽然可以通过建立多账号,运用矩阵带货的模式,但这样的带货模式很难被大部分商家掌握。在2019年下半年,抖音被快手的直播电商所碾压。于是,2020年抖音开始大力布局直播带货,成功签约罗永浩、董明珠等名人的直播首秀,同时也成立电商部门,专门推动直播电商的发展。

目前抖音的直播权限开通非常简单，只要年满 18 岁的成年人，都可申请开通直播功能。与电商平台不同的是，抖音平台开通直播功能后，还需要开通商品橱窗功能，才可以在直播中售卖产品，如果要开抖音小店，就必须提供企业营业执照。

3. **快手直播：强信任关系打造商业闭环**

快手是由快手科技开发的一款短视频工具，可用于直播和记录生活。快手的前身"GIF 快手"诞生于 2011 年 3 月，是一款集制作、分享 GIF 图片功能于一身的手机工具。2012 年 11 月，快手转型为短视频社区，旨在记录和分享生活，并于 2014 年 11 月正式改名为"快手"。2016 年 2 月，快手总用户突破 3 亿。也就是说，在抖音上线之前，快手已经有了 3 亿用户，其地位一直领先于其他平台。快手没有热搜榜，也不是一个围绕网红、达人去运营的平台，它以为用户记录生活为主，并希望用户上传更多生活中的感悟。

4. **微信直播：交圈扩散，打造私域流量池**

微信直播是一款以微信生态圈为入口的直播平台，微信用户不用下载 App 就可以进入直播间，并且也能在直播间完成购买商品的操作。微信用户直接点击微信发现页面的"直播"按钮，即可进入直播页面，如图 1-17 所示。在微信直播中，用户一样可以提问、购买商品，如图 1-18 所示。

图 1-17　微信发现页

图 1-18　微信直播页面

为进一步认识以上 4 个直播平台，可参考如表 1-4 所示的直播生态特征。

表 1-4　直播生态特征

项目	淘宝直播	抖音直播	快手直播	微信直播
平台属性	电子商务平台	短视频平台	短视频平台	社交平台
用户属性	基于淘宝生态圈，用户的购物属性强	大众娱乐属性强，流量智能分发	粉丝忠诚度高，商品转化率和复购率高	粉丝信任感强，商品转化率较高
流量来源	公域流量来源主要包括手机淘宝 App 首页、独立的淘宝直播 App；私域流量来源主要包括店铺微淘主页、店铺首页等	平台公域流量为主	偏私域	私域流量
主要供应链	淘宝、天猫	抖音小店、淘宝网、天猫、京东商城	快手小店、淘宝网、拼多多、京东商城、有赞	京东联盟、微店、商家自有小程序
带货商品属性	强体验性商品、消耗品收益较大	美妆类商品、服饰类商品占比较高	以食品、日常生活用品、服装、鞋帽、美妆等商品为主，非品牌商品居多	美食、美妆和服装三大品类比较有优势
带货 KOL 属性	头部主播高度集中	头部主播较集中，流量智能分发模式下，头部主播的商品容易爆红	头部主播较分散	中小商家、品牌商
带货模式	商家自播和达人导购	达人通过短视频积累粉丝，然后通过短视频或直播带货实现变现	达人直播、"打榜"、连线等	通过公众号、社群积累粉丝，与粉丝形成强信任关系，然后通过直播实现流量转化

1.4　直播电商面临的法律风险

随着直播电商的兴起，在这个新兴领域中也会面临一些法律风险，主要包括以下几个方面。

1. 消费权益

直播电商平台需要确保直播中涉及的商品质量、售后服务等符合消费者权益保护的相关法律规定，并建立健全消费者投诉处理机制。

2. 违规内容

对于直播电商主播在直播中发布的内容，一旦存在侵犯知识产权、侮辱诽谤、含有不当诱导消费等情况，将承担严重的法律责任，可涉及刑事、民事、行政等多个领域。

3. 广告法律风险

直播电商平台需要规范直播中的广告，如严格执行广告标识标准、不涉及虚假广告、避免虚构事实等，否则可能涉及广告法律风险。

4. 隐私保护

直播电商平台需要确保用户的隐私得到妥善保护，严格遵守各项法律规定，如不泄露用户隐私信息、尊重用户隐私权、不进行不合规的数据收集等。

5. 税收合规

直播电商平台涉及的商品、服务均需要按照相关税收规定缴纳税款，如涉及偷税漏税、逃税等行为，将面临税务及相关法律风险。

对于直播电商平台来说，要确保自身的合规性，需要加强对法律法规的了解，建立健全相应的制度、流程和机制，规范自身经营行为，确保自身的经营规范、可持续发展和市场竞争力。

任务实训

任务一　淘宝直播开播操作

📋 任务描述

小李毕业后成功地进入了一家以直播带货为主的公司。在进入公司后，主管安排小李协助主播完成直播工作，他必须得熟悉淘宝直播开通工作。

📋 任务目标

学生能够根据操作流程指导完成淘宝直播开播工作。

📋 任务实施

▶ **步骤1**　手机端登录"淘宝"App进入淘宝直播首页，点击"立即开播"按钮，如图1-19所示。

▶ **步骤2**　系统自动跳转至"开直播"页面，设置位置信息，如图1-20所示。

直播电商基础与实务实训教程

图1-19　点击"立即开播"按钮　　图1-20　设置位置信息

▷**步骤3**　点击"频道栏目"按钮，进入"开直播"页面，选择直播的频道，如图1-21所示。

▷**步骤4**　点击相机按钮，拍照或上传相册里的图片做封面图（这里以点击"相册"上传图片为例），如图1-22所示。

图1-21　选择频道栏目　　　　　图1-22　点击"相册"按钮

18

项目一 走进直播电商

▶ **步骤5** 选择封面照片后，再回到开直播页面，可以看到已经设置好的位置信息、栏目频道以及封面图等信息，点击"开始直播"按钮，如图 1-23 所示。

▶ **步骤6** 系统自动跳转至开播页面，这场直播正式开启了，如图 1-24 所示。

图 1-23　点击"开始直播"按钮　　　图 1-24　开播页面

任务二　抖音直播开播操作

📋 任务描述

小李毕业后成功地进入了一家以直播带货为主的公司。在进入公司后，主管安排小李协助主播完成直播工作，他必须得熟悉抖音直播开播工作。

📋 任务目标

学生能够根据操作流程指导完成抖音直播开播工作。

📋 任务实施

▶ **步骤1** 手机端登录"抖音"App 进入抖音"推荐"页面首页，点击 ➕ 按钮，如图 1-25 所示。

▶ **步骤2** 系统自动跳转至"快拍"页面，点击右侧的"开直播"按钮，如图 1-26 所示。

图 1-25　点击▣按钮　　图 1-26　点击"开直播"按钮

◎步骤3　系统自动跳转至"视频直播"页面，会默认上次直播的封面和标题，可对信息进行修改（这里以修改标题为例，输入标题，点击"完成"按钮），如图 1-27 所示。

◎步骤4　点击"开启位置"按钮，可选择显示位置或隐藏位置（这里以选择"显示位置"为例，让附近的人看到直播间），如图 1-28 所示。

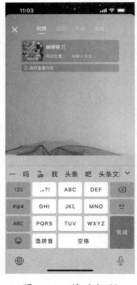 

图 1-27　修改标题　　图 1-28　选择"显示位置"

◎步骤5　点击"所有人可见"按钮，可设置直播可见范围（这里以选择"公开.所有人可见"为例，让所有人看到直播间），如图 1-29 所示。

> **步骤6** 点击"选择直播内容"按钮,可设置直播内容(这里以选择"旅游风景"为例,如图 1-30 所示。

图 1-29　选择直播可见范围　　图 1-30　选择直播内容
　　　　　　　　　　　　　　　　　　　　页面

> **步骤7** 设置好直播封面、标题、位置等信息后,点击"开始视频直播"按钮,如图 1-31 所示。
> **步骤8** 系统自动跳转至抖音直播开播页面,如图 1-32 所示。

图 1-31　点击"开始视频　　图 1-32　抖音直播
　　　　　直播"按钮　　　　　　　　　开播页面

任务三 快手直播开通操作

📋 任务描述

小李毕业后成功地进入了一家以直播带货为主的公司。在进入公司后,主管安排小李协助主播完成直播工作,他必须得熟悉快手直播开播工作。

📋 任务目标

学生能够根据操作流程指导完成快手开播工作。

📋 任务实施

步骤1 手机端登录"快手"App进入快手首页,点击⊕按钮,如图1-33所示。

步骤2 系统自动跳转至"随手拍"页面,点击右侧的"开直播"按钮,如图1-34所示。

步骤3 系统自动跳转至"视频直播"页面,会默认上次直播的封面和标题,可对信息进行修改(这里以默认上次设置为例),可以点击"点击选择话题"按钮,来选择直播话题,如图1-35所示。

图1-33　点击⊕按钮　　　图1-34　点击"开直播"按钮　　　图1-35　点击"点击选择话题"按钮

步骤4 设置好直播封面、标题、话题等内容后,点击"开始视频直播"按钮,如图1-36所示。

> **步骤5** 系统自动跳转快手直播开播页面，如图1-37所示。

图1-36 点击"开始视频直播"按钮　　图1-37 快手开播页面

【项目评价】

【项目评价表1——技能点评价】

序号	技能点	达标要求	学生自评		教师评价	
			达标	未达标	达标	未达标
1	了解电商直播的基础内容	1. 了解直播电商的特点 2. 了解直播电商的现状与发展趋势				
2	认识直播电商的模式与流程	1. 认识3种常见的直播电商模式 2. 认识直播电商的6大基本流程 3. 熟悉过款式流程和循环式流程				
3	掌握电商平台的特点	1. 了解常见的直播电商平台 2. 熟悉淘宝直播的生态特征 3. 熟悉抖音直播的生态特征 4. 熟悉快手直播的生态特征 5. 熟悉微信直播的生态特征				

【项目评价表 2——素质点评价】

序号	素质点	达标要求	学生自评		教师评价	
			达标	未达标	达标	未达标
1	洞察能力	1. 具备敏锐的观察力 2. 善于搜集有用的资讯				
2	总结归纳能力	1. 具备较强的分析总结能力 2. 逻辑思维能力强，善于分析相关资料并归纳总结				
3	独立思考能力和创新能力	1. 遇到问题善于思考 2. 具有解决问题和创造新事物的意识 3. 善于提出新观点、新方法				
4	实践能力	1. 具备社会实践能力 2. 具备较强的理解能力，能够掌握相关知识点并完成项目任务				

思政园地

【思政案例】

快手主播 @瑜大公子 因积累十多年的美妆护肤经验及曾担任多年的礼仪老师，且有流利的口播基础，故在快手平台开播后迅速积累数百万粉丝。

但在 2022 年 10 月 11 日，@瑜大公子 遭到韩国知名品牌"Whoo 后"打假。根据相关报道显示，@瑜大公子 在直播间宣称自己所售的天气丹系"京东美妆官方旗舰店，官方授权，正品保证，京东物流配送"，并向粉丝们展示了《正品证明》。该主播作为热门主播，有着很强的信任背书，加上展示的证明，吸引了众多客户下单。

但令人大跌眼镜的是，该品牌方出面表示并未出具任何官方授权文件给该主播。因该主播在平台拥有 3500 万粉丝，其行为已经涉嫌误导消费者，属于虚假宣传。最终，该主播只能删除相关产品的视频和链接。

请针对上述案例思考以下问题。

1. 你对 @瑜大公子 这次直播带货有什么看法？
2. 直播电商主播应树立怎样的职业观？

课后习题

一、选择题（单选）

（1）直播电商的特点不包括（　　）。
    A. 场景真实性　　　　　　　　B. 即时互动性
    C. 营销效果直观性　　　　　　D. 低成本性

（2）以下直播平台中，属于综合类直播平台的是（　　）。
    A. 虎牙直播　　　　　　　　　B. 荔枝微课
    C. 抖音　　　　　　　　　　　D. 快手

（3）目前直播电商正处于（　　）。
    A. 探索期　　　　　　　　　　B. 萌芽期
    C. 成熟期　　　　　　　　　　D. 发展期

二、选择题（多选）

（1）以下属于具有代表性的直播平台的是（　　）。
    A. 抖音直播　　　　　　　　　B. 淘宝直播
    C. 微信直播　　　　　　　　　D. 快手直播

（2）常见的直播平台包括（　　）。
    A. 教育类直播平台　　　　　　B. 电商类直播平台
    C. 综合类电商平台　　　　　　D. 短视频类直播平台

（3）直播电商的特点包括（　　）。
    A. 场景真实性　　　　　　　　B. 营销效果直观性
    C. 大众性　　　　　　　　　　D. 即时互动性

（4）以下选项中，属于直播电商基本流程的是（　　）。
    A. 写方案　　　　　　　　　　B. 做复盘
    C. 再传播　　　　　　　　　　D. 备硬件

三、判断题

（1）微信直播之所以具有代表性，是因为不需要下载直播 App。（　　）

（2）正是由于我国直播电商进入了成熟阶段，所以国家才出台多条与直播相关的政策。（　　）

（3）在直播电商的基本流程中，写方案是为了将抽象思路具体化。（　　）

四、简答题

（1）直播电商有什么特点？

（2）阐述直播电商的基本流程。

项目二
直播电商项目策划

【项目导入】

直播电商固然很火,但不是每个人拿起手机打开直播就能获得收益的。在开启直播之前,应做好一些准备工作,特别是在了解直播间的"人、货、场"定律后,知悉直播团队组建、直播间选品以及直播间场景搭建的重要性,并能结合自己的实际情况,做好直播间人员、货品、场景等细节工作,为直播间带货夯实基础。

【学习目标】

💡 知识目标

(1)学生能够说出直播带货的变现形式。

(2)学生能够说出直播间"人、货、场"定律具体是哪些。

(3)学生能说出直播低配、标配,以及高配版团队分别有哪些岗位及各岗位的职责。

(4)学生能说出主播应具备的能力。

(5)学生能说出直播间选品策略。

(6)学生能说出直播间测品方法。

(7)学生能说出直播间商品结构规划。

(8)学生能说出多种供货渠道。

(9)学生能说出直播设备有哪些。

(10)学生能说出室内外直播布景的重点。

能力目标

（1）学生能结合所学知识分析直播间产品属于什么商品结构。
（2）学生能够结合所学知识为主播打造人设。
（3）学生能够在电子商务网站上购买直播设备。

素质目标

（1）学生具有敏锐的洞察能力。
（2）学生具备总结归纳能力。
（3）学生具备独立思考能力。
（4）学生具备较强的实践能力。

课前导学

2.1 直播带货形式及定律

想要通过电商直播获得收益，需要先认识直播带货的本质，如直播带货的表现形式及定律等。

2.1.1 分析常见的直播带货表现形式

虽说直播电商的最终目的都是售卖出去产品获得收益，但实际上直播带货有多种形式，包括如图 2-1 所示的直接展示型、场景代入型，以及原厂地销售型等。

图 2-1　直播带货形式

1. 直接展示型

直接展示型指的是通过介绍产品卖点来吸引用户下单转化。直接展示型的带货形式可以理解为硬广告带货，就是简单地介绍产品卖点、品质、价格等优势，勾起用户对产品的兴趣，从而促成订单。例如，某童装的淘宝直播间，就是通过主播直接展示童装的款式、价格等信息，刺激用户下单购买，如图 2-2 所示。

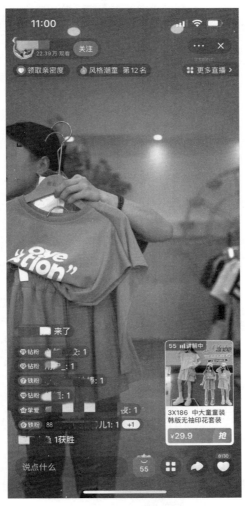

图 2-2　直接展示型带货

直接展示型带货在直播中较为常见，适用范围也较广，主要考验选品、定价及主播展示产品时的话术等。

2. 场景代入型

场景代入型指通过直播间营造产品的使用场景，从而激发用户购买欲，适合一些需要介绍产品功能、使用技巧，以及展示使用效果等信息的产品。如厨具、健身器材等，通过呈现产品使用方法、效果等内容，能将用户代入使用场景中，从而刺激用户下单转化。

例如，某厨具品牌的淘宝直播间，就通过主播展示锅具的开锅、使用效果等镜头，来将用户代入自己使用锅具的场景中，从而愿意购买直播中介绍的产品，属于场景代入型，如图 2-3 所示。

图 2-3 场景展示型带货

场景代入型不仅要求主播介绍产品的卖点、功能、价格,更要主播介绍一些产品使用效果、技能,让用户看完直播后有所收获,才更能激发购买欲望。

3. 原厂地销售型

原厂地销售型指通过搭建原厂地的卖货场景,让用户通过直播间更相信产品的品质,从而更愿意下单。原厂地销售型的适用范围也较广,如农产品、食品、手工品等。例如,某生鲜水果的淘宝直播间,通过镜头记录摘果、打包等画面,目的就是给用户传递水果新鲜的信息,从而刺激用户下单,属于原厂地销售型带货,如图 2-4 所示。

图 2-4　原厂地销售型带货

以上三种直播带货形式较为常见，适用范围也较广，大家可结合自己产品与目标用户的兴趣进行选择。

2.1.2　直播间的"人、货、场"定律

传统的零售模式也称为货架式销售，是一种人找货的模式。通过商场货架将产品展示出来，当消费者对某件产品有需求时，主动来到商场或档口找产品。传统零售模式下的商家，需要选址、装修、面对面销售，把产品销售出去。

随着电商的稳步发展，或多或少对传统零售模式的商家造成了影响。特别是服装类、食品类，很多消费者都习惯通过淘宝、京东，以及抖音、快手等平台购买产品，缩减了去线下实体店的购买频率。直播作为一个新零售模式，其要素如图 2-5 所示，包括人、货、场。

图 2-5　直播要素

1. 人

直播把传统零售模式下的购物行为从人找货变成了货找人。在直播过程中，主播通过与粉丝的互动交流，取得粉丝的信任，实现以人为中心，打造个人 IP。例如，很多美妆主播之所以能日销千万元的产品，就是先在粉丝心中树立了一个美妆带货达人的形象，所选的产品大多围绕着他（她）的专业领域（美妆），直播间也围绕着美妆行业去装修、陈列，让大家一看他（她）的直播，就知道可以买美妆产品。

去品牌化、去平台化的特征，在直播带货中越发突出。消费者在购买产品时，可能更看中卖货的这个人，而非货物品牌。这不仅让非大牌产品可以找到推广的主播，也让更多素人主播实现了带货变现的可能。

2. 货

消费者之所以愿意通过直播买货，除了认可主播为人，还有一个明显的特点：产品优势。特别是很多主播，通过塑造厂商、农民等形象，强调工厂价和原生态，缩短了产品流通环节，节约成本，让很多初次进入直播间的消费者也纷纷下单购买产品。

主播想通过产品优势获得更多粉丝的支持，则必须把控好产品的质量，做好售后服务，提高产品复购率。

3. 场

零售形式的变化是为了满足消费者更新、更便捷的购物需求。直播作为新零售形式，结合线上线下零售的优势，被越来越多的消费者所接受。通过主播营造的购物场景，让更多产品都通过直播走进消费者的生活。例如，一些农副产品，可以将直播现场设置在田间地头，让粉丝感受到更真实的商品采摘、打包和发货情况，增强粉丝的体验感。

直播带货的三要素分别为人、货、场，这三个要素是影响直播间商品销量的关键因素。其中，"货"指的是直播中要推荐或销售的商品。商品的选择和规划是直播营销的起点，要想提高直播间的订单转化率，主播一定要善于选品，合理规划商品的定价、结构、陈列、上架顺序等，并对直播间商品进行精细化的配置和管理。

2.2　组建直播团队

直播间的"人、货、场"定律已经说明了"人"的重要性，任何一场直播都离不开直播团队的工作。因此，在开启直播之前，应该熟悉直播团队的人员配置、团队组建以及主播人设打造等内容。

2.2.1 团队人员配置

一个完整的直播团队主要由主播团队和运营团队两部分组成，两个团队又可细分出4个具体的岗位，其中，主播团队包括主播岗位和主播助理岗位；运营团队包括场控/中控岗位和运营策划岗位，如图2-6所示。

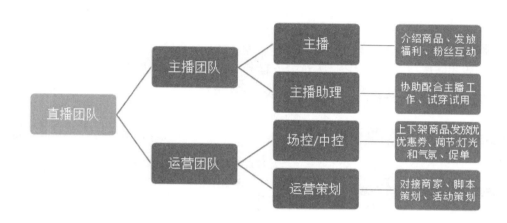

图2-6 直播团队的人员配置

主播是一场直播的终端执行方，其工作内容主要包括展示商品、介绍商品发放福利与观众进行互动等。由于不同主播的风格、特长、气质、性格、爱好不同，因此，我们可以根据不同产品来选择最适合本产品的主播来进行直播。

主播助理和主播一样，也是一场直播的终端执行方，还是主播的小助手，需要协助配合主播的一切工作，帮助主播展示商品、进行商品的试穿试用等。值得注意的是，有些商品对助理有一定的要求，比如服装类的商品要根据不同款型选择不同风格和身形的助理。

主播和主播助理作为直播的终端执行方，除了执行工作以外，还需要做好信息反馈的工作。因为所有的直播工作执行完成以后都要进行复盘，以便于进行二次优化，提升直播效果。在进行直播复盘时，必然离不开主播和主播助理的反馈意见。

2.2.2 直播团队的组建

无论是个人还是商家，要想真正做好直播带货，组建直播团队都是非常必要的。根据直播工作岗位设置、工作内容、工作流程等要素，个人或商家可以组建不同层级的直播运营团队。

1. 低配版团队

低配版团队可由1名运营人员和1名主播构成，其团队人员职能分工如表2-1所示。

表2-1 低配版团队人员职能分工

运营人员工作内容				主播工作内容
分解营销任务 确定商品方向 确定商品类目 确定商品款式 确定商品陈列 直播间数据监测	策划营销活动 粉丝分层活动 排位赛制活动 流量资源策划	撰写商品脚本 撰写活动脚本 撰写话术 策划直播场景 策划直播封面	准备直播设备 调试直播软件 保障直播视觉效果 发券、配合表演 后台回复消息	熟悉商品脚本 熟悉活动脚本 运用话术 控制直播节奏

2. 标配版团队

与低配版团队相比，标配版团队人员多了起来，可由1名运营人员、1名策划人员、1名场控人员及1名主播构成，其团队人员职能分工如表2-2所示。

表2-2 标配版团队人员职能分工

运营人员工作内容	策划人员工作内容	场控人员工作内容	主播工作内容
分解营销任务 确定商品方向 确定商品类目 确定商品款式 确定商品陈列 直播间数据监测	策划营销活动 粉丝分层活动 排位赛制活动 流量资源策划	撰写商品脚本 撰写活动脚本 撰写话术 策划直播场景 策划直播封面	准备直播设备 调试直播软件 保障直播视觉效果 发券、配合表演 后台回复消息	熟悉商品脚本 熟悉活动脚本 运用话术 控制直播节奏

3. 高配版团队

高配版团队人员更多，分工也更为明确，其团队人员职能分工如表2-3所示。

表2-3 高配版团队人员职能分工

人员名称		具体工作内容
主播 （3人）	主播	直播前：熟悉直播流程、商品、活动脚本 直播中：介绍、展示商品，与用户互动，活跃直播间气氛 直播后：做复盘
	副播	协助主播完成介绍商品、介绍直播间福利等工作
	助理	配合主播展示直播商品、使用道具等
策划		规划直播内容，如确定直播主题、准备直播商品等 在开播前，策划好直播预热文案及发布渠道，做好直播间预热宣传工作
编导		编写直播脚本、单品脚本、活动脚本以及各种话术等
场控		直播前：准备并调试直播设备，如摄像头、灯光等 直播中：负责中控台的后台操作，如直播推送、商品上架、监测数据等
运营		分解营销任务、确定商品方向、确定商品类目、确定商品款式、确定商品陈列等
拍摄剪辑		负责视频拍摄、剪辑等工作
客服		在线互动和答疑、修改商品价格等

由此可见，商家可结合实际情况选择直播团队的组建。前期可从简单的低配版团队入手，到了后期再逐步扩大团队。

2.2.3 主播人设打造

主播人设的打造对直播带货而言起着决定性的作用，人设越清晰，粉丝对主播的记忆力越强。例如，甲主播和某某演员长相相近，并且歌声动听；乙主播外貌不出众，歌喉好听得惊人；丙主播性格爽朗，衣品很是讨喜等。以上都是主播的一些明确人设，从这些具有特征的标签词里可以看出，明确的人设有很多的优势。

- 吸引精准粉丝：主播的人设决定了他（她）能吸引到什么类型的粉丝。例如，让一个看起来弱不禁风的男生或女生来做美食类主播，无法营造出食欲满满的感觉，容易被粉丝认为在假吃，从而得不到关注和好评。
- 提升关注度：主播的人设越强，越具有吸引力。例如，同样是美妆博主，甲博主的化妆前后效果对比强烈，能快速抓住粉丝的目光，自然更多人关注。所以，主播要通过人设来体现出自己和其他同类主播的区别，提升被关注的可能性。
- 提升互动和停留时间：主播人设越强，粉丝在直播间停留的时间就可能越久。只有在主播的风格受到粉丝喜欢时，粉丝才更愿意和主播进行点赞、评论等互动。
- 提升转粉和流量：人设是主播自我风格的延伸和拓展，观众喜欢主播的风格才可能关注他（她）、经常看他（她）。一旦人设不准，则主播的流量也不稳定。

主播在塑造人设时，可以用如图2-7所示的SRIL法则来判定人设塑造的方向。

图2-7 SRIL法则

- S优势分析：在优势分析方面，主播可以从硬件和软件方面去剖析自己。硬件是短时间内很难改变的一些东西，如身高、体重、身材、颜值、宗教信仰、所处的地理环境等；软件方面，则指可以通过一定的努力去获得的沉淀优势，如专业知识、技能、才艺等。
- R风险分析：分析直播中可能会遇到的风险，如法律、道德、价值观等。这也要求主播细读行业规则、平台规则，不去触犯法律和规则。同时，主播售卖的产品，在不违反交易规则的前提下，还要注意质量，不然会影响到粉丝对主播的信任。
- I识别度分析：主播在人设确定过程中，需要分析自己的人设是否有辨识度。辨识度高的主播，更容易得到粉丝的关注。主播可以对比自己与专业领域的主播，找到自己和他（她）们的共同点和差异，如直播场景、风格、形象、声音等。

- L 变现能力分析：主播在人设塑造过程中，要评估自己的带货能力，并根据人设标签来预估变现能力以及后期是否有商业合作的价值。

对于已经有粉丝基础的主播而言，都有了自己的人设。那么，新手主播应该如何设定自己的人设呢？主要从主播的昵称、头像、简介以及直播中常用的口头禅等。图 2-8 为快手上一个名为"农村会姐"的账号首页，从图中可以看到该账号目前共有 1000 多万粉丝。

图 2-8 "农村会姐"的账号首页

"会姐"真名"王利会"，全家住在河南的一个普通农村里。就是这样一个普通的农村家庭，却有着火爆的人气。会姐时常更新自己做饭的视频，也时常在直播间展现一家人做饭、吃饭的镜头。

"农村会姐"的账号昵称简单介绍了自己是农村人,"会姐"则是一个通俗易记的昵称。账号头像是会姐和3个男孩的真实合照。通过个性签名介绍了自己的角色定位"我是一个普通的农村妇女……"。为了说明镜头里常出现的人物关系,会姐在介绍里也提到老大、老二、老三的名字、年龄以及和自己的关系。除了这3个小孩之外,还有1个成年男人也常出现在短视频和直播的镜头中,他就是会姐的老公,也是享用会姐手艺的第4个男人,得名"老四"。

很多人都会觉得奇怪,会姐一个相貌平平的家庭主妇,为什么会有如此高的人气。这与会姐的人设分不开,会姐就是这样一个普通人,厨艺无法和大厨相比,口才也不如销售强,但就是这样平凡的生活,引起了很多已婚妇女的关注。这与会姐曾说的"做直播的初衷和价值在于勾起宝妈的做饭欲望"相契合。

会姐的变现方式主要来源于粉丝礼物、平台分成以及产品推广。别人的直播间连麦经常是以PK的形式获得更多礼物,而会姐的连麦经常是推荐粉丝去关注连麦方。会姐性格直爽,直播间里的她嗓音粗犷、朴实,她鼓励自己的粉丝去关注那些商家。她的吆喝声也确实为商家带去了很多粉丝。例如,"某某鞋厂""某某童装工厂直营店""某某大码女装店"都是会姐直播间的连麦常客,她们也是礼物榜的前几名。会姐在直播中连麦某商家,直播间里,素颜的会姐加上朴素的衣着,就是一个普通的农村妇女形象,与连麦的衣着光鲜的商家形成了鲜明对比。

新手主播在开播前,就要做好自己的人设定位,并将人设信息通过昵称、头像、个性签名等方式展现出来。

2.2.4 主播基本能力

作为一名主播,想获得更多用户的认可和喜欢,必须具备一定的基本能力。纵观火热的主播,都有着良好的形象管理能力、优秀的语言表达能力、良好的心理素质及灵活的应变能力,如图2-9所示。

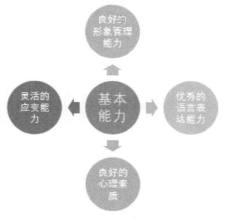

图2-9 主播的基本能力

1. 良好的形象管理能力

主播的外在形象包括仪容、仪表、仪态，通俗点说就是主播的相貌、穿着打扮、言谈举止。在直播平台中，大多数主播在各方面都给人大方得体的印象。这一点不仅限于娱乐主播，在游戏主播、教育类主播、电商主播等主播身上都有所体现。主播在塑造外在形象上，主要包括妆容和服饰两方面。

（1）上镜的妆容。

作为一名网络主播，除了要有才华以外，颜值也是为其加分的关键。主播的妆容将给粉丝带来最直观的视觉感受，不管直播的节目风格和类型如何，一个精致的妆容将给自己带来不少的人气。另外，化妆还能遮盖脸部缺陷，如瘢痕、黑眼圈等，可以让主播看起来更加容光焕发。

当然，也有的主播依靠直播软件自带的美颜特效也能有适合上镜的妆容。但特效容易在脸部有遮挡时现出素颜，招来粉丝谩骂。所以，保险起见，主播在直播前最好先化一个精致的妆容，再用直播软件起到润色的作用。新手主播如果不会化妆技巧，可以多观看其他美妆博主的直播、视频，或到线下实体店找专业人员学习化妆技术。

这里需要注意的是，不同人设对妆容的要求可能略有不同。例如，某主播是带动农产品销售的村播，就建议其以真实素颜面对粉丝，不要刻意浓妆艳抹。例如，曾有人在"农村会姐"的短视频下留言："为什么会姐那么有钱了也不收拾收拾自己的脸？"有不少粉丝在留言下面做出回答："就喜欢她的真实""浓妆艳抹不适合她"。

（2）得体的服饰。

对于主播来说，服装是一种无声语言，精心设计的服装体现着主播的个性，与其他的表达手段一起，共同成为主播表情达意的载体。服装的选配是一门学问，主播虽然不参与服装的制作设计，但是应该了解服装的相关搭配。精心选配与直播类型相对应的穿着，这是主播形象设计的重要组成部分，有助于获得更好的直播效果。

粉丝从主播的手势、眼神、表情等，可以了解到主播的思想感情。而主播的衣着打扮不仅能直接衬托或显示出自己的身姿，还能给粉丝以美的感觉，并且也不同程度地折射出自己的内在想法。因此，主播们在服装的选用搭配上绝不可掉以轻心。那么，主播的着装打扮应该达到什么样的标准呢？

- 符合自己的体型：主播的服饰过长、过短、过松、过紧，都会分散观众的注意力，因此主播的服饰必须符合自己的体型。
- 符合自己的身份：主播必须清楚地知道自己在直播中的定位，合理地选择符合自己身份特征的服饰，这样才能在直播中达到更好的效果。
- 符合自己的年龄：电视节目主持人在主持节目时需要选择符合自己年龄的服装，当然网络主播也不例外，选择适合自己年龄的服装，会给粉丝留下一个良好的印象。
- 符合节目的要求：网络主播的着装还应符合节目的要求，根据直播节目的特性来选择合适自己的服装。比如做在线教育类的直播，主播的着装就应该以简洁庄重为主。

部分舞蹈类的主播喜欢穿紧身短裙，这样的服装确实能引人注目，但也容易被举报为"涉黄"。

所以，主播的服装一定要大方得体。

2. 优秀的语言表达能力

表达能力指一个人把自己的思想、情感、想法和意图等，通过语言、文字、图形、表情和动作等方式清晰明确地表达出来。主播常用到的表达能力主要体现在语言表达能力上。无论是什么类型的主播内容，都不可避免地要与粉丝聊天。为什么有的主播随意聊聊就能卖货、获得打赏；而有的主播随意聊聊却招来骂声一片呢？排除三观有问题外，还有可能是表达能力太差所导致的言不由衷而引起粉丝误解。

同样是面对黑粉，有的主播表达能力过差，在骂黑粉的同时也得罪了其他粉丝，把自己置身于谩骂声中。那如何来解决这一问题呢？语言是人类最基本的交流工具，主播需要随时运用口头语言艺术和粉丝交流对话。语言可以说是主播最基本的业务技能，是衡量主播水平高低的重要尺度。主播应具备的语言表达能力如下。

（1）语言要通顺流畅。

主播说话要口齿伶俐，表达清楚。如果说话吞吞吐吐，前言不搭后语，会导致粉丝无法明白主播要表达的意思。主播们要想做到语言表达通顺流畅，就一定要勤于锻炼自己语言和语流上的基本功，要言语有心，言语用心，加强自己吐字归音的基本功训练，注意把话说好。

（2）语言要有严密清晰的逻辑思维。

主播在言语表达方面最忌讳生搬硬套、张冠李戴。作为主播，在说话时一定要做到心中有数，要刻意培养自己缜密的逻辑思维，使脑中思路清晰、条理清楚，从而更好地表达，更好地与粉丝沟通与交流。

特别是在回答粉丝弹幕中提到的问题时，不要前言不搭后语，前一句认同A，后一句又来否定A。长此以往，会给粉丝留下不好的印象。

（3）语言要富有感染力。

主播与粉丝主要是一种情感上的沟通与交流，因此主播的语言一定要富有感染力，才能吸引和打动粉丝。那么如何使语言富有感染力呢？首先，语言要平实自然；在此基础上，根据当时氛围的语言表达需要，可以适当运用夸张、含蓄等语言表达方式。

（4）语言要注意分寸和节奏。

语言表达的分寸是要求主播通过语言表达，和粉丝像朋友一样平等交流。既不能和粉丝之间的心理距离拉得太远，去居高临下地说教；也不能和粉丝的心理距离太近，无法起到引导者的作用。特别是部分主播，在粉丝数量增加后，言语间透露出傲慢不羁，容易得罪忠实粉丝。

作为主播，语言表达要亲切自然、随和真诚。如果语言表达的分寸把握得当，就会出现主播与粉丝情绪的相互激发、感染、交流与共鸣，就能增进自己与粉丝之间的联系；反之，分寸若把握不当，就会出现情感沟通的阻隔与断裂。因此，主播们一定要将自己摆在一个正确的位置上，使自己能够较好地掌握语言表达的分寸。

主播在语言表达上除了要注意分寸外，还应注意把握语言表达的节奏。当语言表达的节奏掌握得恰到好处时，则会收到提高粉丝期待的效果。语言表达的节奏如果掌握不好，会让粉丝觉得主播的语言干涩、毫无生机，也自然无法引起粉丝的兴趣。

例如，在推荐产品时，也要看粉丝对产品的热情度。如果粉丝通过弹幕纷纷表示这款产品质量有问题、价格过高、不愿意接受等，主播应懂得适可而止，转换其他话题。

3. 良好的心理素质

作为一名合格的主播，良好的心理素质也是必备能力。首先，主播想售卖产品，就必须展现出自信，才能让用户信任主播、相信产品质量；其次，在直播过程中，难免遇到苛刻用户的提问、为难等情况，主播只有用较好的心态去应对这些情况，才能继续直播事业。

4. 灵活的应变能力

应变能力指人在外界事物发生改变时所做出的反应。主播在直播过程中遇到突发情况时，必须充分调动自己的主观能动性，使大脑思维处于高度运转和思考状态，从而做出迅速的反应，用巧妙的语言扭转局势，化险为夷，使变故向好的方向转变。

主播在直播过程中难免遇到一些意外情况，比如出现设备问题、技术问题、口误问题等，如果处理不好这些意外，则会造成粉丝流失。

2.3 选择直播间商品

对于商家和主播而言，直播过程中最关心的问题无非两个，一个是直播间的流量，一个是直播间的销量。直播间光有流量肯定不行，必须将流量转化成实实在在的销量，才能实现直播带货的最终目的。那么，如何才能提升直播间的销量呢？这与直播间选品策略、测品方法、商品陈列等内容息息相关。

2.3.1 直播间选品策略

要想直播带货，首先就要有商品，但商品类目繁多，哪些类目适合自己、可以卖得好，是需要主播仔细分析的。这是一项几乎可以决定直播盈利或亏损的重要决策，因此主播一定要制订正确的选品策略。

1. 分析用户画像

"用户画像"的概念最早由阿兰·库珀提出，他认为用户画像是真实用户的虚拟代表，是建立在一系列真实数据之上的目标用户模型，将目标用户多方面的信息收集之后拼接组合在一起，就形成了用户画像。

用户画像主要包括用户的性别、年龄、地域、兴趣、购物偏好、消费承受力等，主播在选品时要判断商品是否符合用户画像所描述的需求。因为不同的用户群体，其需要的商品类型不同。

主播可在平台后台或借助数据分析工具（如飞瓜数据）来查看粉丝相关的数据，如性别、年龄、地域、消费习惯等。图2-10为某美妆达人的部分粉丝特征信息。

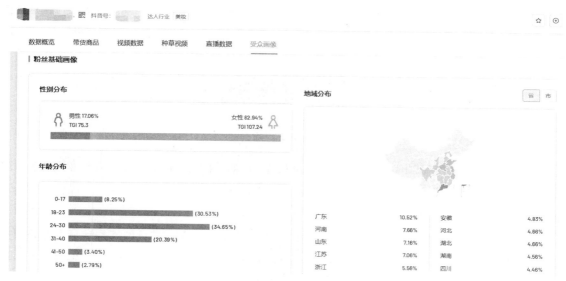

图 2-10 某美妆达人的部分粉丝特征信息

主播只有足够了解自己的用户群体以及他们的相关属性，才能对症下药，选择适合他们的商品进行推荐，进而提升直播间的转化率。例如，某主播的用户主要以女性人群为主，但该主播却在一场直播中推荐了大量的男性商品，结果这场直播的销售数据相当惨淡。所以，主播千万不要盲目自信地认为自己的用户什么商品都会购买，应该对用户画像进行认真分析后，根据用户人群的相关属性来选择自己直播商品。

2. 看匹配度

根据很多短视频平台（如抖音）的算法机制和智能推荐，系统会给每个账号和用户都贴上相应的标签。比如，用户经常给美食类的视频内容点赞、评论，那系统可能会判定她对美食类内容感兴趣，继而给她推荐更多美食类视频作品。

同理，系统也会给作品打上"美食""旅游""搞笑""颜值"等标签，并将作品推荐给喜欢这一标签的用户，进而带来更多精准流量，也更有利于作品上热门和账号涨粉、变现。表 2-4 罗列了抖音热门标签及所含内容方向，可供各商家参考。

表 2-4 抖音热门标签

标签名称	所含内容方向
职场	办公技能、演讲口才、职场思维
教育	语言教育、学科教育、职业教育、亲子教育
时尚	美妆、穿搭、美容、减肥、塑形
体育	运动健身、瑜伽、跑步、健身食疗
生活	美食、旅游、玩乐、好物分享、开箱测评
娱乐	唱歌、跳舞、搞笑、随拍
情感	鸡汤、心理、励志故事

不管是达人主播还是商家主播，推荐的商品都要与主播的人设标签相匹配。直播平台在选择主播时，一定要把握好主播的定位。主播带货按商品分布类型可分为图 2-11 所示的两种情况。

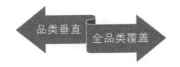

图 2-11　商品分布类型

所谓的“垂直”，指某个领域或者分类下的内容，例如专做普法内容的账号以及专做民事纠纷案例的账号。当商家在做垂直内容后，收获的粉丝大多就是垂直粉丝，那么所选的产品就可以是垂直的，例如美妆类账号可以只选美妆产品。

全品类覆盖则是指不管账号属性，所营销的产品以多而全出名，其目的就是满足大部分用户的需求。例如某育儿类账号的直播间所选取的产品不局限于母婴，还包括生活用品、零食、生鲜等类目。

具体选择品类垂直产品还是全品类覆盖，需要结合账号与用户的具体匹配度。如果一个账号与用户标签高度匹配，则可以选择品类垂直产品；反之，则可以选择全品类覆盖。

3. 结合热度

很多主播在选择直播商品时，都会以销售经验和自我喜好为标准去进行选择，但这不一定符合市场原则。其实，大多数受粉丝追捧的商品都是市场上的热销爆款商品，所以主播在选择直播商品时，建议多查看各类热销商品排行榜，尽量选择排行榜靠前的商品进行直播，这些商品一般大多数粉丝都能接受。

例如，飞瓜数据平台提供的“抖音商品榜”中，可以查看近期热销商品的具体信息，如商品名称、价格、抖音销量、抖音销售额、抖音浏览量等，如图 2-12 所示。

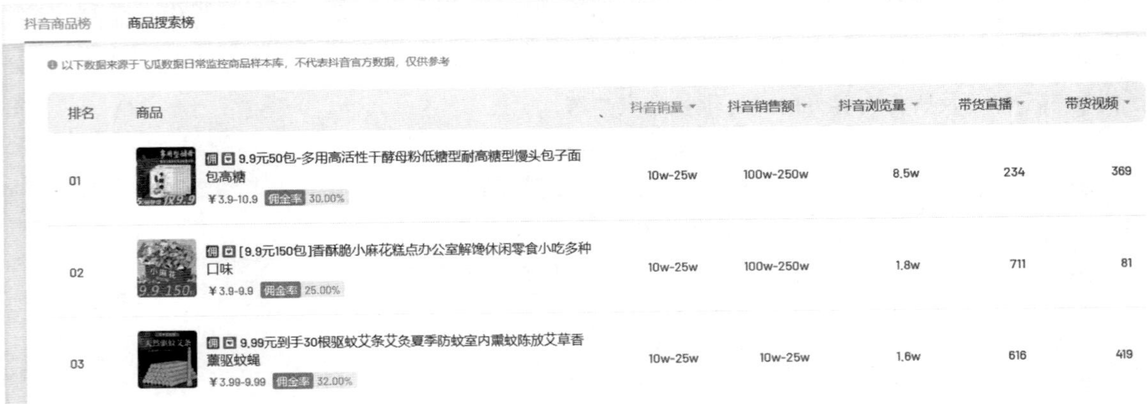

抖音商品榜　商品搜索榜

以下数据来源于飞瓜数据日常监控商品样本库，不代表抖音官方数据，仅供参考

排名	商品	抖音销量	抖音销售额	抖音浏览量	带货直播	带货视频
01	9.9元50包-多用高活性干酵母粉低糖型耐高糖型馒头包子面包高糖 ¥3.9-10.9 佣金率 30.00%	10w-25w	100w-250w	8.5w	234	369
02	[9.9元150包]香酥脆小麻花糕点办公室解馋休闲零食小吃多种口味 ¥3.9-9.9 佣金率 25.00%	10w-25w	100w-250w	1.8w	711	81
03	9.99元到手30根驱蚊艾条艾灸夏季防蚊室内熏蚊陈放艾草香薰驱蚊蝇 ¥3.99-9.99 佣金率 32.00%	10w-25w	10w-25w	1.6w	616	419

图 2-12　飞瓜数据中的“抖音商品榜”

同时，与短视频发布贴合热点的逻辑类似，直播带货商品的选择也可以贴合热度。主播平时要多关注名人、达人的微博或微信公众号，这样当这些名人、达人被电商平台或商家邀请做直播时，主播可以及时看到他们发布的预热文案，从而做好应对的准备，抓住巨大的商机。

4. 高性价比

用户之所以喜欢在电商平台购物，其根本原因除了方便快捷外，价格便宜也是重要因素。特别是在直播中，如果能突出一个商品的高性价比，自然更能激发用户的购买欲。

在直播中想要突出商品的性价比很高，可以将直播商品与同类商品相比较，看看自己的商品在功能、卖点以及价格等方面有什么优势，然后再将其一一罗列出来告诉粉丝们。例如，某主播在直播间向粉丝介绍一款食品时，告诉粉丝该类商品的售价在市场上一般为25元，现在厂家搞活动，60元3件，粉丝就会在心中将商品与市场价格相比较，从而觉得直播间的价格更便宜，性价比也更高。

5. 亲自体验

为了对用户负责，主播在直播间推荐商品之前，最好亲自使用自己要推荐的商品，这样才能知道它到底是不是一款好商品，是不是可以满足用户的需求，以及它有哪些特性，如何使用，如何推荐等。

尤其是在主播原本不熟悉的商品领域，更要事先对商品的性能、使用方式有所了解，以预想直播过程中可能会发生的突发状况，并做出解决方案，以减少直播中的失误。

2.3.2 直播间测品方法

商家在选好产品后，为验证产品是否有潜力，可以进行测品，包括如图2-13所示的短视频测品、直播间挂链接测品以及直播间互动测品等。

图 2-13 测品策略

1. 短视频测品

主播在发布短视频过程中，可以添加产品链接。如果不确定某个产品是否具有潜力，可以发布与产品相关的视频内容，再通过查看该条视频作品的点赞、评论、转发，以及转化等数据来判断该产品是否有潜力。

对于各项数据都较好的产品，可以初步判断其具有潜力，在后续的直播中重点讲解；对于数据惨淡的产品，最好及时调整下架。

2. 直播间挂链接测品

主播还可以在直播间中挂链接测品，得到产品的实时反馈数据。例如，在直播间人数不少时上架某款产品，查看产品的评论及转化数据，可大概知道用户对该产品的兴趣。对于数据较好的产品，可以多加时间和镜头，展现更多产品角度和功能；对于无人问津的产品，则可以考虑做下架处理。

3. 直播间互动测品

在直播过程中，也可以通过直播间互动测品。这种方法更为简单，即使在没有样品的情况下，也可以在闲聊中询问用户对该产品的需求和喜好程度。例如，在即将上架一款洗护产品时，可由主播在闲聊中询问大家有没有什么喜欢的洗护品牌，对于某某品牌的洗护产品怎么看等。如果用户的呼声较高，则可考虑上架产品；但如果用户回复说该品牌的洗护产品不行，则可以考虑换产品。

2.3.3 直播间商品结构规划

一名优秀的直播运营者，要懂得合理规划直播间的商品结构。商品结构规划不仅会影响直播间的销售业绩，还会影响直播间抵御风险的能力。通常来说，一个直播间的商品应该包括如图 2-14 所示的几种类型。这些类型的商品在直播间分别担任不同的角色，发挥着不同的作用。

图 2-14　直播间商品结构

1. 印象款

印象款商品指促成直播间第一次交易的商品，适合作为印象款的商品可以是高性价比、低客单价的常规商品。印象款的特点是实用，且人群覆盖面广。例如，某母婴旗舰店的直播间主推一款十件套的婴幼儿澡盆，因为该产品的赠品多，性价比高，适用人群又广，故很多用户在该直播间都会下单购买该产品，如图2-15所示。那么，该款产品久而久之就会成为该直播间的印象款产品。

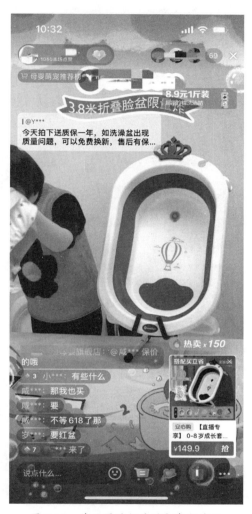

图 2-15 某母婴旗舰店的印象款产品

2. 引流款

引流款是指直播间中价格相对比较低，粉丝最容易下单购买的商品。通常用于直播间抽奖的商品就是引流款商品，它们存在的主要目的是聚集粉丝，获取高人气。"引流"款商品的价格普遍比较低，毛利率属于中间水平。

"引流"款一定要是大众商品，要能被大多数用户接受。"引流"款一般放在直播的开始阶段，如1元包邮、9.9元包邮等。有的主播会特地将某一场直播设置为全场低价包邮。例如，某餐饮品牌的抖音直播间就有一款售价为1元的产品，属于引流款产品，销量已达2.3万件，如图2-16所示。

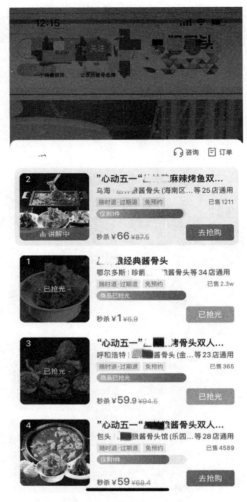

图 2-16 某福利款产品

3. 福利款

福利款一般是粉丝专属,也就是所谓的"宠粉款",直播间的用户需要加入粉丝团以后,才有机会抢购福利款。

主播在做福利款时,有的是直接免费送某款商品作为福利,回馈粉丝;有的是将某款商品做成低价款,如"原价 99 元,今天'宠粉',9.9 元秒杀,限量 1 万件",以此来激发粉丝们的购买热情。例如,某母婴直播间,将原价 29.8 元的产品拿来做 3.8 元的秒杀,但是粉丝必须亮灯牌才能购买,且每个粉丝仅限一单,如图 2-17 所示。这种就是福利款产品,用于吸引粉丝关注直播间。

图 2-17 某母婴直播间的福利款产品

4. 利润款

利润款是指直播间中单价相对较高，但可以获得高利润的商品。通常，利润款产品需要搭配优惠方案来配合直播，才能获得较好的销量。例如，某抖音直播间的多款利润款美妆产品都应用了套装价格，如"到手 14 件""买 2 送 6"等，如图 2-18 所示。

直播间一定要推出利润款来实现盈利，且利润款在所有商品中要占较高的比例。值得注意的是，利润款最好等到"引流"款将直播间人气提升到一定高度以后再引入，在直播间氛围良好的时候推荐利润款，这样趁热打铁更容易促成订单。

另外，直播间还可以配备一些品质款产品来提高账号的信任背书。品质款的意义在于，引导用户驻足观看，但又让用户觉得价格和价值略高于预期，所以品质款要选择一些高品质、高格调、高客单价的小众商品。

图 2-18 某利润款产品

2.3.4 直播间商品陈列

商品陈列是烘托直播间购买氛围的手段之一，好的商品陈列让人一眼就能找到感兴趣的商品。故主播应该掌握一些直播间陈列商品的方法，常见的主题式商品陈列如表 2-5 所示。

表 2-5 常见的商品陈列表

主题	分主题	具体内容
节假日	中国传统节假日	春节、端午节、中秋节特色商品
	文化历史节假日	儿童节、教师节、母亲节、父亲节特色商品
季节	春季	春季新品、露营装备、防雨用具
	夏季	夏季新品、防晒防蚊用品、饮料、雪糕
	秋季	秋季新品、旅游相关商品
	冬季	冬季新品、保暖御寒用品、火锅、看雪装备

续表

主题	分主题	具体内容
商品品类	零食	罐头、薯片、果冻、卤味、糖果、巧克力
	服装	外套、裙子、衬衫、牛仔裤、西装
	美妆	面霜、口红、润肤乳、眼影、面膜
	厨卫	洗涤用品、餐具、锅具等

除主题式外,还有品类式商品陈列、组合式商品陈列等,指通过品类的组合,为用户营造琳琅满目、可以充分选择的购物氛围,从而让用户从中购买到自己心仪的商品。例如,某纸巾直播间的商品就包含了抽纸、卷纸、湿巾、手帕纸等组合,为用户提供多种选择,如图 2-19 所示。

图 2-19　组合式商品陈列

2.3.5　准备供货渠道

在进行产品定位后,接下来的工作就是寻找货源和进货。以前,很多商家的进货渠道主要以各大批发市场为主。但随着网上交易越来越便利，网上进货也逐渐走进大众视野。这里主要列举几种常见的进货渠道，供大家参考。

1. **大型批发市场**

国内批发市场数不胜数，例如广州、深圳、义乌等城市都分布着大大小小的批发市场。在批发市场进货的好处在于进货时间、进货数量自由度相对较大；并且可以亲手触摸产品，感知产品质量；如果量大的话还可以向批发商压价，有利于控制成本。

批发市场的类型各有不同，如服装类目批发市场、箱包类目批发市场、日用品批发市场等。商家在进货之前，可对类目中名气较大的批发市场有一个基础了解。

- 服装类：广州十三行服装批发街、广东深圳南油服装批发市场、浙江湖州织里中国童装城、四川成都荷花池批发市场、上海七浦路服装批发市场、哈尔滨海宁皮革城。
- 鞋类：广州大都市鞋城、深圳东门老街鞋业批发城、杭州九堡华贸鞋城、无锡皮革城、郑州鞋城、义乌袜子批发市场。
- 箱包类：广州桂花岗皮具市场、辽阳佟二堡海宁皮革城、浙江海宁皮革批发市场、广州狮岭（国际）皮革皮具城。
- 美妆类：广州美博城、广州化妆品批发市场、上海美博汇化妆品批发市场、河南省郑州中陆洗化、北京美博城、武汉化妆品批发市场。
- 百货特产类：昆明螺蛳湾日用商品批发市场、长春远东商品批发市场上海干货批发市场、南宁市交易市场、西安轻工批发市场、成都府河桥市场。
- 小商品礼品工艺品类：浙江义乌小商品城、深圳市义乌小商品批发城、广州荔湾广场精品饰品批发市场、广东揭阳阳美玉器批发市场、临沂市小商品城。
- 小家电电子五金类：佛山市华南五金电器城、重庆汽车配件批发市场、广州电子市场、元岗汽配城。

主播可以根据自己的产品和地理位置选择就近的批发市场。在同一个批发市场看货时，也要遵循多对比、多讲价的原则，尽量做到用最低的价格买到质量最佳的产品。

2. **厂家进货**

一件产品从生产厂家到客户手中，往往要经过许多环节，如生产厂家、全国批发商、地方批发商等。经过这些环节的流通，产生的额外费用将被分摊到每一件产品上，增加了产品的售价。所以，主播如果能直接从生产厂家拿货，可大幅度减少流通环节的费用，也就降低了进货成本。

主播直接从厂家进货，能够大幅度减少供应链环节，不仅能够获得价格优势，还便于退换货的处理。供应链是指由供应商、制造商（生产商）、分销商、零售商以及消费者组成的具有整体功能的网络链，如图2-20所示。

图 2-20　供应链示意图

在供应链中，产品是从供应方到销售方再到需求方；物流是从供应方到需求方；而资金流则是从需求方到供应方；其中还包括信息流各种角色之间的相互传递。供应链也可以概括为是由物流、资金流和信息流组成的一个网络链。

供应链是链接供应商、商家以及消费者之间的一条通道，对于商家而言，有利于提升店铺的运营效率。一条优秀的供应链具有产品更优（品质、价格）、物流更优、服务更优等特点。商家应掌握供应链的基本内容，如计划、采购、配送、退货等。

- 计划：根据自身运营需求，制定适宜的计划，旨在降低成本为消费者提供高质量的产品或服务。
- 采购：对比供应商，从而选择出最适合自己的产品或服务的供应商，并建立一套完整的定价、配送、付款流程。
- 配送：处理订单、建立仓库与派送网络，派送人员提货并送货给消费者。
- 退货：建立网络，接收并处理消费者退货以及售后服务问题。

3. 抖音精选联盟

精选联盟是抖音电商版块连接商家与推广者进行商品推广的平台，意在为商家和带货达人提供合作机会，帮助商家进行商品推广，帮助带货达人赚取佣金。

抖音小店的主播可以在精选联盟平台添加需要推广的商品，并设置佣金；而带货达人在线选择推广商品，制作商品分享视频，产生订单后，平台会按期与达人进行佣金结算。

主播可通过抖店后台自主入驻精选联盟，不过入驻精选联盟平台需要先满足以下两个条件。

- 商家店铺体验分 ≥ 4 分。
- 关闭精选联盟权限次数 < 3 次。

开通精选联盟的方法很简单，符合入驻条件后，只需进入抖店后台，依次点击"营销中心"→"精选联盟"→"开通联盟"选项，点击"开通精选联盟权限"页面的"立即开通"按钮，即可开通精选联盟，如图 2-21 所示。

抖音平台会每天校验商家体验分，如果商家体验分 < 3.8 分，商家将收到平台发送的警告通知，商家在收到警告通知后，应及时调整运营策略，避免被关闭精选联盟使用权限。如果商家体验分 < 3.5 分或触犯精选联盟平台管理规则，达到清退标准或终止合作的，平台将关闭商家精选联盟使用权限。被关闭精选联盟使用权限的商家，已通过短视频或者直播推广的商品也会被解绑。

图 2-21 开通精选联盟

4. 货源批发网站

随着直播市场的日益壮大,互联网上出现了不少货源批发网站。在货源批发网站进货,可以节省亲自到批发市场选品的时间,也可以降低诸如差旅费、运输费等成本。例如,1688 批发网站就是一个典型的货源批发网站,有着查找信息方便、起批量小等优点。1688 批发网站首页如图 2-22 所示,该批发网站上产品的类目多而广,适合新手主播试水。

图 2-22 1688 批发网站首页

批发网站虽是近几年才兴起的进货渠道,但相比传统渠道进货优势更为明显,除了前面提到的成本优势以外,它还具有批发数量不受限制、款式更新快等优势。

2.4 搭建直播场景

直播间的"场景"对于直播电商而言也至关重要，好的直播间场景更能将用户代入消费场景中。因此，在开启直播前，需要搭建直播场景，如配置直播设备以及布置直播场景等。

2.4.1 配置直播设备

在装扮好直播间后，还需要置办直播所需的设备。所谓"工欲善其事，必先利其器"，有了专业设备，才能把主播的技能更好地展现给用户。电脑、手机及宽带是连入网络世界的基础设备。除此之外，还需要配备音频硬件、布光设备、隔音设备以及其他辅助设备等。

1. **基础硬件：电脑与网络**

在选购电脑时，主流配置的机型就足以满足直播需求，不必特别购置。但对于游戏主播而言，在直播过程中需要通过直播软件转码游戏画面再输出，整个过程对电脑的 CPU 和内存性能的要求更高。手头宽裕的主播，在选购电脑时可以选择性能高、价格稍高的电脑，以保证直播的画面流畅性。

面对众多的网络宽带服务，主播又该如何选择呢？网络直播中涉及的网络带宽与电信营业厅宣传的带宽不同。平时常见的 50M、100M 宽带是指下行的网速，而做直播更多的是把本地的视频、数据上传到网站，对于上传带宽要求更大，因此在申请宽带前必须先详细了解其上传带宽是多少。宽带选择不好，容易造成直播卡顿的情况。所以，主播需要选择性价比较高的宽带来支持主播的直播工作顺利开展。在资金充裕的情况下，建议主播开通电信宽带。

2. **音频视频硬件：高清摄像头与电容麦克风**

有了基础的硬件设备，接下来还需解决摄像头和麦克风，把主播更好的一面展现给用户。

（1）选购摄像头。

摄像头是影响直播画面质量的重要因素。一款好的摄像头能够起到美化皮肤、增强视频效果的作用。通过调节或更换摄像头，主播的整体气质会得到提升。

目前，市面上常见的摄像头主要是高清摄像头和红外线摄像头。高清监控摄像头指的是 720P 或者 1080P 的摄像头，其中 1080P 又称为全高清。与普通监控摄像头相比，高清摄像头有更强的光谱矫正能力，可以更好地避免图像的虚化，更加真实地呈现画面内容。

但是太过高清的成像可能会把脸上的痘痘和雀斑照得很清楚，而且面部也会显现出颜色暗淡、憔悴的状态。这时可以考虑另一款摄像头——红外摄像头，它能自动补光，提高肤色光泽度，让肌肤看起来像婴儿般细嫩，也能掩饰痘痘和雀斑。

另外，也有部分主播使用手机直播，但手机镜头在拍摄外景时可能达不到理想状态。这种情况下，可以在京东平台购买手机专用的外置摄像头。

（2）选购麦克风。

动听的声音总能给人带来好感。有的人本来声音很好听，但由于音频设备的问题导致输出的声音发生了变化。所以，主播在开播之前应该选购一款好的麦克风，至少能高保真。

在日常生活中，常见的话筒类设备有耳麦、USB 麦克风、小型采访式麦克风、电容麦等。主播在进行选购时，会发现市面上麦克风的品牌种类有很多，价格和参数也各不相同。不同类别的主播在选购麦克风时也稍有差异。

例如，对于游戏主播而言，露脸的窗口比较小，选择一款音质好的麦克风即可。耳麦由于价格低廉、使用方便，所以使用较为广泛，如图 2-23 所示。

图 2-23　耳麦

但是耳麦对音质的还原不太好，部分对音质要求高的游戏主播也会选择其他的麦克风，例如动圈麦克风或电容麦克风。动圈式麦克风是利用声波去推动振膜，然后振膜带动线圈，利用磁力线的改变产生微弱的电压。在音质方面，动圈式麦克风能够在背景音较大而音响较为剧烈的室外使用，如图 2-24 所示。

图 2-24　动圈式麦克风

对于需要在直播间唱唱跳跳的娱乐类主播而言，耳麦和动圈式麦克风都达不到主播理想状态。因为普通的麦克风容易产生延迟，在拾音范围、灵敏度和音质方面都不够。所以，这类主播常使用电容麦克风。电容式麦克风是利用电容充放电原理，将导体间的静电压直接转换成电能信号。适合对音质清晰度、声音还原度有较高要求的情况，比如，背景噪声较低的音乐厅、剧院、个人录音室、录音棚等。

另外，如果是耳麦，直接戴在头上即可，但如果是动圈式麦克风或电容麦则需要拿在手上。很多主播在直播中需要介绍商品、表演肢体动作，无法一直用手拿着麦克风。所以，主播还需要购买麦克风支架。常见的麦克风支架分为桌面、悬臂式和落地式三种，价格在 100 元左右。

娱乐主播如果想要实现更好的音质，还可以配备声卡。声卡是和麦克风一样，是决定声音质量的重要因素，只有当两者都达到一定的等级时，才能够保证传递出高品质的声音。可供主播选择的常见声卡分为内置和外置两种：就价格而言，内置声卡通常比外置声卡便宜；但在功能方面，外置声卡经过不断创新比内置声卡更具功能优势。主播可根据自己的实际需求选购声卡。

3. 布光设备：补光灯、反光布

一个好的直播间除了有适当的装饰和合理的布局外，灯光布置也非常重要。合理的灯光布置能够有效提升主播的整体形象，展现商品或品牌的亮点，烘托直播间的氛围。因此，布置直播室离不开灯光。为了让灯起到更理想的效果，还需要使用反光布、遮光板等设备。

（1）灯光的组合。

很难看到直播间只有一个照明设备的情况。因为单个光源无论从哪个方向照明都有阴影，而且有的阴影会直接丑化镜头里的主播面相。所以，直播间的灯光往往需要最优组合。

很多直播间会选择 25W~40W 的 LED 暖灯或者暖白灯作为直播间的光源支持。特别是部分直播间灯光非常自然，不存在太暗或太白的情况，还能营造出理想的意境，这是因为直播间布置了多个光源。

首先，就摄影灯而言，需要一白一黄两个灯型。白光灯用于增强光线效果，黄光灯用于柔光补充。例如，白光灯主要用于照明整个直播间，而两盏对称的黄光用于照亮主体（主播）和消除阴影。

（2）反光布。

反光布一般布置在位于主播正面的墙上，把硬光变成柔和的漫射光。也有的主播直接购买柔光箱、柔光罩。图 2-25 为某柔光箱的使用示意图。柔光箱装在灯上，使发出的光更柔和。其原理是在普通光源的基础上通过一两层的扩散，使原有光线的照射范围变得更广，使之成为漫射光。

图 2-25　某柔光箱的使用示意图

某服装产品的直播间需展示主播全身时，可用 3 盏灯光来突出主体。图 2-26 为该直播间灯光布置示意图。

图 2-26　直播间灯光布置示意图

3 个灯位的作用如下。
- 1 号灯位，使用八角柔光箱，照亮主播头发和面部，并充当眼神光。
- 2 号灯位，使用灯架＋柔光罩，给主播补右前侧光的同时也充当环境光。
- 3 号灯位，使用灯架＋柔光箱，打亮主播身体部分，也充当眼神光。

当然，直播间具体的布光方法不仅限于图 2-26 所示的这一种。具体的布光需要根据直播间大小、产品特点而定。眼神光指的是反射到人物眼睛里出现的反光点，眼神光反映着主播的内心活动和情感，适宜的眼神光会使主播表情更生动。

4. 隔音设备：隔音板与隔音条

很多主播对于噪声深有体会，一方面，直播间的粉丝反映主播声音过小，又怕提高音量影响他人；另一方面，直播间粉丝反映主播周围的声音过于嘈杂，影响直播效果。虽然实体墙面和门窗能阻挡噪声，但对于一些娱乐主播而言，可能需要放置音乐和特效，而直播时间又常常在晚上，这就无法避免对他人造成影响。想要解决这个问题，主播需要购置隔音设备，例如隔音玻璃、隔音板以及隔音门帘等。

隔音板具有独特的吸音、隔热、阻燃、耐高温、质轻等综合性能。在京东、淘宝等平台均有售隔音板，价格适中，使用方便。如果给墙体都粘贴了隔音板，则噪声有可能从门窗传播，故主播还可以购买隔音条。图 2-27 为京东平台某隔音条的详情页，隔音条价格实惠、使用简单。

图 2-27　京东平台某隔音条的详情页

部分主播也可以选购隔音门帘、隔音玻璃来隔音。总之，要在降低外界噪声的同时，使自己对他人的影响降到最低。

5. 户外直播设备：手机、网络、电源及辅助设备

与室内直播相比，室外直播无须布置直播间，也不用购买那么专业的视频、音频设备，看起来所需成本要比室内直播少。但实际上，室外直播需要解决网络、电源以及防抖等问题，也需要购买一些专业设备。

（1）手机或笔记本。

很多户外主播都选择手机和笔记本来作为直播的仪器，其中手机更为常见，只有少数对画质和音效要求十分高的直播会选择笔记本。不管是选择手机还是笔记本，都需要强大的CPU来支持，才能满足直播过程中的高编码要求，并解决直播软件的兼容性问题。

部分主播用手机直播，智能手机价格从几百到几千元不等，具体还是根据主播的经济状况来选择。前期主播也可以直接沿用原来的手机做直播，等资金充裕时再替换更高性价比、优质量的手机。目前，较多的户外主播会选择品牌旗舰手机来直播，例如苹果、华为、小米等。

另外，由于手机的直播屏幕在电脑上显示时较小，对于街头采访等直播就更适合使用笔记本。对主播而言，购买笔记本时，除了价钱和品牌的偏好外，还需考虑笔记本的性能、内存、分辨率以及续航能力等问题。

（2）网络。

无论是室内直播还是户外直播，网络都至关重要。网络不稳定，频繁出现卡顿问题，问题一多，粉丝自然就流失了。尤其是风景秀丽的自然景观，普通网络很难支撑直播流畅性。为解决这一问题，主播必须找到信号稳定、网速快的流量卡；同时考虑到费用问题，还需要找到流量充足又价格合理的流量卡。

由于各个地区的资费不一，具体的流量卡选择可通过咨询当地运营商后再决定。在直播初期，主播如果不确定网卡的网速情况，可购买两种以上的流量卡（例如同时购买电信和移动的流量卡）来进行测试，找到信号、网速都具相对优势的流量卡。

另外，主播也可以选购便携式Wi-Fi。目前已有多款便携式Wi-Fi具有续航时间长、信号强等优点。例如，某款华为旗下的便携式Wi-Fi，可以显示电量、信号强度、运营商信息以及具体流量使用情况等，并支持全网4G网络，可同时连接16个设备，传输速度为2M/s。某款小米旗下的便携式Wi-Fi本身还是一个移动电源，可以为数码产品（如手机、笔记本）充电。

（3）电源。

解决了网络，还有电源的问题需要解决。待机时间再长的手机和电脑，直播时间长了也会没电。为解决这一问题，主播可以选购充电宝或户外电源。如户外时间短的主播，可多选购几个充电宝。需要长时间户外旅游的主播，可以选购如图2-28所示的户外电源。该户外电源可支持笔记本、手机、单反相机等设备充电。另外，该款户外电源除了常规的市电充电和车充充电外，还支持太阳能板充电，特别适合长期在户外直播的主播。

图2-28　户外电源

主播在选购充电宝时，为了便于飞行安检，建议选购单个低于或等于 10000 毫安的充电宝。如果认为 10000 毫安不能满足自己的用电需求，可以携带多个充电宝。

（4）辅助设备。

为了呈现更好的直播效果，主播还可以考虑入手麦克风、自拍杆等设备来优化直播画面和音质效果。

在户外直播过程中，为了减少杂音，主播可以使用手机自带的耳麦，这是最节约资金的提升音质方法。也有主播使用迷你手持麦克风，能在周围的嘈杂声音中起到一个定向作用，加大拾音的灵敏度。

很多人在拍摄时，都会出现手抖问题，导致画面效果不佳。为解决这个问题，主播可以选购一个手机稳定器。如图 2-29 所示的某手机稳定器，价格在 200 元左右，可以有效减轻手机移动造成的画面抖动。

图 2-29　某手机稳定器

部分需要户外直播的娱乐主播，也可购买一个补光自拍杆，在直播中提供光源，提亮直播环境的光线。

2.4.2　布置直播场景

直播间是连接主播与用户的中转站，大部分用户对主播的印象都是从主播的外貌和直播间布景中获得的。因此，直播间布景也至关重要。

1. 室内直播布景

直播间的布景多种多样，比如淡雅小清新、雍容华贵、简约、严肃正式等。主播应根据直播内容来确定具体的布置方向。这里以常见的美妆类直播间及服饰类直播间布景为例,讲解室内直播布景要点。

(1)美妆类直播间。

直播场地的大小基本在 5~20 平方米,具体大小根据产品特点来确定。例如,美妆类直播间的产品镜头一般停留在 1~2 个人的脸部,10 平方米足够了。如图 2-30 所示的美妆直播间,主要由两名主播露脸展示美妆产品,背景则选取了琳琅满目的美妆展示柜,给人留下直播间内美妆产品多、种类齐的印象。

图 2-30 某美妆直播间

(2)服饰类直播间布景。

如果是服装产品的直播,镜头需由近到远地展示各类产品及展示模特穿搭效果,则需要 15 平方米左右的场地。例如,某服饰类直播间不仅可以看到主播试穿服饰的效果,还能看到远处的服饰展示架，给人留下直播间内服饰众多、可满足不同人群需求的印象，如图 2-31 所示。

图 2-31　某服饰直播间

另外，服饰类主播在选择直播场地时，需提前测试场地的隔音效果及回音效果，保证直播期间的语音正常输出。

其他室内直播主要根据直播间想呈现的直播效果进行布景即可。在布置直播间时，如果面积和预算有限，则可以考虑购买背景墙布来做背景。背景墙布和传统壁纸、板画不同，可称得上是艺术与装饰的融合，其灵动性能给人营造一种立体真切的感觉。使用背景墙布来装饰直播间的明显优势在于节约布置成本。如图 2-32 所示，在淘宝平台就有诸多物美价廉的背景墙布可供大家选择。

图 2-32　淘宝平台售卖的背景墙布

在网上购买墙布的主播为避免出现和其他主播间同一背景的尴尬，可以先和商家沟通，在背景墙布中加入自己特有的元素，如主播名称、个人标签等。

2. 室外直播布景

与室内直播相比，室外直播虽然不需要过多装饰，但选景也很有学问，必须选择与直播内容相契合的场景，才能对直播起到积极作用。

例如，某生鲜产品的快手直播间，主营车厘子。当主播在介绍车厘子这一产品时，选择来到车厘子种植地，如图 2-33 所示。这样的直播场景，主要是让用户直观地看到车厘子的生长环境以及采摘车厘子的过程，激发用户购买车厘子的欲望。

项目
直播电商项目策划 二

图 2-33　某农产品直播间截图

室外直播布景还应考虑美感，因为大多用户都喜欢美好的事物，故该直播选择拍摄风景效果较好的镜头，能吸引用户围观。除了选择与直播内容相契合的景色外，主播还应注意风格的统一性。例如，某街头采访直播应选择不同的热闹街头，营造更真实、更热闹的采访氛围。

 任务实训

任务一　分析直播间商品结构

📋 **任务描述**

小艾在直播电商公司实习时，主管要求她根据某场直播的部分产品来分析各个产品属于哪种结构。具体的产品信息如表 2-6 所示。

63

表2-6　某直播间的产品信息

商品名称	商品价格	商品规格及购买门槛
湿纸巾一包	原价4.9元，直播价1元	每包40抽的湿纸巾，关注主播，加入品牌会员可购买，限量1000件
云柔巾一包	原价9.9元，直播价4.9元	每包80抽的云柔巾，直播间热销爆品，每人限购1件
云柔巾+湿纸巾组合	原价118.4元，直播价59元	每包80抽的云柔巾8包+每包40抽的湿纸巾8包，库存10000件

任务目标

学生能够结合产品情况分析产品属于哪种结构。

任务实施

小艾经过思考和分析，将产品进行了结构分类，具体情况如表2-7所示。

表2-7　某直播间的产品分类

商品名称	商品价格	商品规格及购买门槛	所属结构	分类理由
湿纸巾一包	原价4.9元，直播价1元	每包40抽的湿纸巾，关注主播，加入品牌会员可购买，限量1000件	引流款	引流款是指直播间中价格相对比较低，粉丝最容易下单购买的商品。相较于其他产品，这款产品售价仅需1元，属于价格很低的产品。但是购买该产品有一定的门槛限制，其目的就是吸引粉丝关注账号并加入会员，故属于引流款产品
云柔巾一包	原价9.9元，直播价4.9元	每包80抽的云柔巾，直播间热销爆品，每人限购1件	印象款	印象款商品指促成直播间第一次交易的商品。该产品属于直播间热销爆品，可见很多人都熟悉这个产品，用原价一半的价格成交，并且限购，其目的就是吸引熟悉该产品的用户再次下单购买，故属于印象款产品
云柔巾+湿纸巾组合	原价118.4元，直播价59元	每包80抽的云柔巾8包+每包40抽的湿纸巾8包，库存10000件	利润款	利润款是指直播间中单价相对较高，但可以获得高利润的商品。该款产品中的云柔巾知名度高且搭配其他产品销售，其目的就是吸引熟悉该产品的人下单。但是为了让用户一次性多买，故用了组合套餐价，让用户感受到福利的同时，又购买了多件产品，故属于利润款产品

任务二　购置直播设备

📋 任务描述

小王在一家服装直播电商公司做直播助理时,因为公司要新搭建一个直播间,要求小王结合实际情况配置一些直播设备。小王应该准备哪些设备呢?又该去哪里购置设备呢?

📋 任务目标

学生能够结合实际情况购置直播设备。

📋 任务实施

小王在接到任务时,先对直播间的情况进行了分析。该直播间属于服装直播间,镜头需由近到远地展示各类产品及模特穿搭效果,因此需要 15 平方米左右的场地。为了让用户们看到主播试穿服饰效果及服饰展示架,可能需要购置一台新的电脑和手机,用于输出直播画面;需要购置一个新的摄像头及麦克风,用于输出主播的声音;需要购置布光设备,让直播画面中的主播和服装更具美感;为了隔绝直播间外的噪声,可能还需要购置隔音设备。在确定好这些设备后,小王决定在淘宝完成设备购置工作,这里以购买麦克风为例,其具体购置步骤如下。

▶**第 1 步**　打开淘宝网并登录自己的淘宝账号,在搜索框中输入产品名称"直播麦克风",如图 2-34 所示。

图 2-34　输入产品名称"直播麦克风"

▶**第 2 步**　系统自动跳转至搜索结果页面,选择一款感兴趣的产品,如图 2-35 所示。

图 2-35 选择一款感兴趣的产品

第 3 步 系统自动跳转至产品详情页，浏览详情后，选择商品分类，点击"立即购买"按钮，如图 2-36 所示。

图 2-36 点击"立即购买"按钮

◉ **第4步** 系统跳转至新的页面，确认收货地址，如图2-37所示。

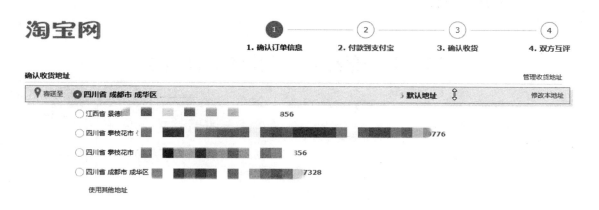

图2-37 确认收货地址

◉ **第5步** 下拉页面至确认订单信息，包括商品名称、颜色以及收货地址等，确认无误后点击"提交订单"按钮，如图2-38所示。

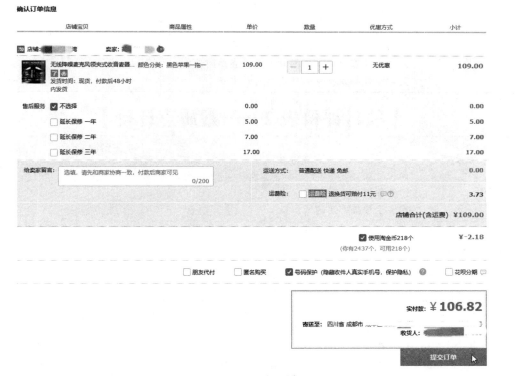

图2-38 点击"提交订单"按钮

后续根据提示完成支付操作，即可等待卖家发货。整个购置麦克风的操作结束。收到货后，如果对设备不满意，可联系平台卖家进行退换货处理。

【项目评价】

【项目评价表 1——技能点评价】

序号	技能点	达标要求	学生自评		教师评价	
			达标	未达标	达标	未达标
1	认识直播带货形式及定律	1. 学生能够说出直播带货的3种形式 2. 学生能够说出直播间的"人、货、场"定律				
2	掌握组建直播团队要点	1. 学生能够说出直播团队人员配置 2. 学生能具体说出直播低配、标配及高配团队的区别与联系 3. 学生能够说明主播人设打造的重要性 4. 学生能够说出主播应具备的基本能力				
3	掌握直播间选品要点	1. 学生能说出直播间选品策略 2. 学生能够说出直播间测评方法 3. 学生能够说出直播间商品结构规划 4. 学生能够说出供货渠道				
4	掌握直播场景搭建要点	1. 学生能够说出直播间设备有哪些 2. 学生能在电子商务网站上购买直播间设备 3. 学生能够说出室内外直播布景要点				

【项目评价表 2——素质点评价】

序号	素质点	达标要求	学生自评		教师评价	
			达标	未达标	达标	未达标
1	洞察能力	1. 具备敏锐的观察力 2. 善于搜集有用的资讯				
2	总结归纳能力	1. 具备较强的分析总结能力 2. 逻辑思维能力强,善于分析相关资料并归纳总结				
3	独立思考能力和创新能力	1. 遇到问题善于思考 2. 具有解决问题和创造新事物的意识 3. 善于提出新观点、新方法				
4	实践能力	1. 具备社会实践能力 2. 具备较强的理解能力,能够掌握相关知识点并完成项目任务				

项目二 直播电商项目策划

思政园地

【思政案例】

随着电商直播爆火,很多明星也纷纷加入电商平台,"网红+明星"的模式带来巨大流量的同时也会带来巨大的利润。某男星就从演艺事业转战直播带货,因其有着一定的知名度及粉丝量,故直播事业一直顺风顺水。

该男星直播间的产品多以酒类为主,但到了后期,很多人发现市场价数千元的茅台酒直播间售价居然只要两三位数即可买到,纷纷怀疑其真实性。随之有人曝出在该直播间购买的红酒生产日期和发货日期竟然是同一天。价格乱加上质量堪忧,越来越多的人质疑起了该主播的产品。随着质疑声的增多,该主播受到了官方的点名批评。

请针对上述案例思考以下问题。

(1)你对该男星直播间的产品定价有什么看法?

(2)明星加入电商行业后又多了一重"网红"身份,明星"网红"的公众形象是非常重要的,那么明星"网红"应该树立哪些公众形象呢?

课后习题

一、选择题(单选)

(1)下列选项中,属于布光设备的是( )。

    A. 补关灯　　　B. 闪光灯　　　C. 手机　　　D. 隔音条

(2)下列选项中,为直播间带来高利润的是( )。

    A. 引流款　　　B. 利润款　　　C. 印象款　　　D. 福利款

(3)主播带货按商品分布类型可分为品类垂直和( )

    A. 非品类垂直　B. 部分品类垂直　C. 全品类　　　D. 全品类覆盖

二、选择题(多选)

(1)下列要素中,属于直播定律的是( )。

    A. 货　　　　　B. 场　　　　　C. 人　　　　　D. 贷

（2）主播应具备的基本能力包括（　　）。

　　A. 良好的心理素质　　　　　　　　B. 良好的形象管理能力

　　C. 灵活的应变能力　　　　　　　　D. 优秀的语言表达能力

（3）下列选项中，属于直播间测品方法的有（　　）。

　　A. 问答测品　　　　　　　　　　　B. 直播间挂链测品

　　C. 直播间互动测品　　　　　　　　D. 短视频测品

（4）在选品时，可以应用到的策略包括（　　）。

　　A. 结合热度　　　　　　　　　　　B. 亲自体验

　　C. 分析用户画像　　　　　　　　　D. 看匹配度

（5）主播可以在哪些渠道中进货（　　）。

　　A. 厂家进货　　　　　　　　　　　B. 抖音精选联盟

　　C. 货源批发网站　　　　　　　　　D. 大型批发市场

三、判断题

（1）只有手机可以直播。（　　）

（2）直播间的"人、货、场"要素，缺一不可。（　　）

（3）主播只要有良好的形象管理能力，其他能力不重要。（　　）

（4）室外直播布景必须去产品产地。（　　）

四、简答题

（1）简述什么是直播间"人、货、场"定律中的"人"。

（2）直播间选品策略有哪些？

（3）"用户画像"是什么？

项目三

做好直播前的准备

【项目导入】

纵观高人气的直播,都是通过精心策划而来。如在开播之前制作直播宣传资料、发布直播预告、设计直播脚本、策划直播话术等。这些准备工作既能保证一场直播有理有序地进行,也能让直播传播效果最大化,更有机会提升直播带货的销售额。

【学习目标】

知识目标

(1)学生能够说出撰写直播宣传文案的要点。

(2)学生能够举例说明直播标题的写作方法。

(3)学生能说出多个类目直播封面的设计要点。

(4)学生能说出直播预告是什么。

(5)学生能说出直播脚本的重要作用。

(6)学生举例说明直播开播话术。

(7)学生举例说明直播留人话术。

(8)学生举例说明直播互动话术。

(9)学生举例说明直播下播话术。

(10)学生能够说出美妆类、服装类、美食类商品的讲解要点。

能力目标

(1)学生能够根据步骤引导拍摄直播封面。

（2）学生能够根据步骤引导在淘宝平台发布直播预告。

（3）学生能够根据步骤引导在抖音平台发布直播预告。

（4）学生能够结合产品设计整场直播脚本。

（5）学生能够结合产品设计单品直播脚本。

素质目标

（1）学生具有敏锐的洞察能力。

（2）学生具备总结归纳能力。

（3）学生具备独立思考能力。

（4）学生具备较强的实践能力。

课前导学

3.1 制作直播宣传资料

纵观热门直播，通常在直播开始前就会有一些宣传信息，如新浪微博、微信公众号、短视频平台的直播预热内容。这些内容的根本目的是为直播造势，吸引更多目标用户进入直播间。那么，应该如何制作这些直播宣传资料呢？可以从直播宣传文案、直播标题、直播封面三方面入手。

3.1.1 撰写直播宣传文案

直播宣传文案形式多种多样，可以是图文，也可以是短视频，更可以是文字＋短视频，总之，就是说明直播主题或点明能为用户提供何种价值，从而吸引用户关注直播。在撰写直播宣传文案时，可参考如下几种策略。

1. 借势宣传

借势宣传指利用热点事件进行推广，因为热点事件的传播速度比较快。直播想要获得更多的浏览量，就需要借助热点事件的影响力来吸引用户观看直播。

例如，在淘宝的"母婴节"活动中，不少人就借助"母婴节，主播带你选"这一主题来进行直播推广。

某主播借3月8日妇女节的势，将3月1日至3月8日的直播预告和攻略以图文形式分享在新浪微博，吸引了7.1万用户评论，13.4万用户点赞互动，如图3-1所示。由此可见，这样的直播宣传文案效果极佳，可以为直播带去更多流量。

图 3-1　某主播借势宣传的微博文案

除了借势宣传，造势宣传也是一种非常不错的宣传方式。造势宣传指自己创造热点事件来进行宣传，一般需要一个过程：首先，直播策划人员在直播开始前就应该为直播的顺利进行营造气氛，让用户知道这件事情；其次，直播策划人员应该根据产品的特点设计直播的主题；最后，直播策划人员需要邀请网红主播或者明星进行直播，并提前将网红主播或者明星来进行直播的消息透露出去，以此来吸引用户观看直播。直播造势的方法有很多，最常用的就是利用自身品牌和明星等造势。

2. 价值宣传

价值宣传指直截了当地告知用户某场直播能为用户提供何种价值，如促销活动、折扣活动、抽奖活动等带来的价格方面价值，或者让用户学到知识、技巧等等。

例如，某主播在新浪微博发布的直播宣传文案中，就应用到了价值宣传，提及多款美妆产品如何挑选的技巧，如"妆前隔离怎么买？""气垫产品怎么买？""定妆产品怎么买？""面膜怎么买？"等等，如图 3-2 所示，让用户一看就知道通过该场直播可以了解多个美妆产品购买的问题。

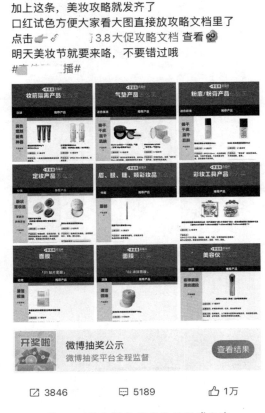

图 3-2　某主播价值宣传的微博文案

如果是直播产品价格方面有优势，也可以直接在宣传文案中体现出来，如"大牌折扣价""买一送一"等。

3. 制造紧迫感

制造紧迫感指通过在宣传文案中突出限时、限量等福利来给用户留下一种"机不可失，时不再来"的感觉，从而更愿意进入直播间抢购。

例如，某主播在微信公众号发布的直播宣传文案中就应用到了"特价好物 鸳鸯金楼粉水晶手串到手价 6.6 元/件 数量有限售完为止"来制造紧迫感，刺激对该手串感兴趣的用户准时进入直播间，如图 3-3 所示。

图 3-3　某主播制造紧迫感的微信公众号文案

综合以上 3 种直播宣传文案的写法，不难看出，在宣传直播时，要么体现出直播的热度，要么为用户提供价值，要么制造紧迫感，否则很难激起用户观看直播的欲望。

3.1.2　直播标题写作方法

标题的最大作用是吸引用户不假思索地进入直播间观看。一个好的标题应该能够准确地定位直播内容，并引起用户的观看兴趣。直播标题的字数不宜过多，5~15 个为宜，用一句话来展示直播内容的亮点，一定要避免空洞无物、没有信息量。这里列举如图 3-4 所示的 5 种常见的直播标题，以帮助主播掌握常见类型的直播标题写作技巧。

图 3-4　直播标题常见写法

1. 戳中痛点

戳中痛点的标题主要是表达客户核心痛点，然后提出解决方案。重在抓住用户的核心痛点，引起用户注意力。

例如，一个穿搭直播间标题为"小个子如何穿出 160 的气场？"，这一标题对于想要通过穿衣搭配来从外表拉高身高的用户来说，就很具吸引力。某抖音直播间的标题则为"胯大腿粗梨形请进真实试穿"，如图 3-5 所示，其目的就是戳中梨形身材用户的痛点，并由此吸引她们进入直播间。

图 3-5　戳中痛点标题

2. 逆向表达

逆向表达型标题主要是以制造反差、引起观众注意为目的。例如，大部分主播都希望用户在看到直播标题后能够点击进入直播间，按照逆向思维来设置标题，则可以将直播标题设置为："别点，点就省钱"，如图 3-6 所示。

图 3-6 逆向表达标题

3. 利用好奇心

以引起用户强烈好奇心为目的，有效吸引用户的注意力，提升他们对直播内容的兴趣，进而促使他们点击进入直播间。例如，"运动真的可以减肥吗？""不跑不跳又瘦了""这么解压吗"等直播标题就属于悬疑型标题，引起用户的好奇心和观看兴趣，如图 3-7 所示。

图 3-7 利用好奇心标题

4. 传达利益点

传达利益点给用户，传递可以获取实用知识或折扣等利益点，抓住用户希望从直播中获得实际利益的心理，刺激用户点击直播间。例如，"3 个技巧教你做好厨房收纳""1 分钟教你消除冰箱异味"等都属于传达利益点标题。部分传达利益点标题则是直接说明直播间能带来的产品价值，例如"全棉四件套买一送一"，如图 3-8 所示。

图 3-8　传达利益点标题

5. 传达紧迫感

还有一种标题主要为用户制造一种紧迫感，让他们产生一种机不可失的感觉，从而加快用户点击进入直播间的速度。例如，"品牌鞋5折抢""前100单免费拿"等直播标题，通过"抢""前100名"等关键字、词，给用户制造出紧迫感。如图3-9所示的童鞋直播间标题，就用了"今日限时39元秒！"来传达紧迫感。

除以上几种标题写作方法外，主播也可通过收集同行点击率高的标题，找到自己可以效仿的地方，重组、优化自己的标题。但是在写标题过程中，还需要掌握一些技巧。下面列举几个常见类目产品的正面与反面标题案例，如表3-1所示。

图 3-9 传达紧迫感标题

表 3-1 产品的正面与反面标题案例

产品类目	标题	点评
美妆类	秒杀 / 手把手教你打造轻熟甜美妆	"秒杀"一词，表明主播让利吸引人，粉丝需要抢； "手把手教学"，表明可以让粉丝收获技巧，学到知识； 整个标题以利益点＋教程的形式，刺激有美妆需要的粉丝产生点击行为
	分分钟变甜美女孩	标题过于随意，粉丝无法从标题中看出直播内容
服饰类	春装上新 / 肉肉女孩也可以仙气飘飘	"春装"一词，结合时令； "肉肉女孩"，找准目标人群； "仙气飘飘"告诉粉丝可以达到的目的。 总体评价：通过简洁的文字，戳中身材丰盈女孩想穿成仙女的痛点，也让这类女孩认为直播内容与自己有关，从而产生共鸣，愿意点进去一探究竟
	装饰仙气生活	从标题中不能看出直播内容

续表

产品类目	标题	点评
食品类	吃货推荐之美味牛肉干休闲零食	"吃货"一词表明直播间的受众应该是喜欢美食的人; "牛肉干"表明自己的产品; "休闲零食"则表明这款牛肉干的使用场景。 总体评价:切入休闲场景(如办公室、居家),刺激粉丝的食欲,从而吸引眼球
	吃的重要性	虽然可以猜测出与"吃"相关,但是无法猜测直播内容与受众群体
母婴类	某某小课堂之如何挑选婴儿奶粉	"某某"是育儿界的专家,内容更具权威性; "小课堂"表明该场直播有知识可分享,让观看的人有所收获; "挑选婴儿奶粉",旨在帮助宝妈们挑选合适的奶粉。 总体评价:让目标群体(宝妈)了解直播内容,并知道通过直播可获得知识,从而刺激目标群体点击
	宝妈买买买	只强调了目标群体(宝妈),但是没说明买什么,也不知道直播内容是什么

3.1.3　设计直播封面

封面图是直播的门面,好的封面图可以勾起用户的观看欲望,因此封面图已经成为直播间流量高低的直接关联因素,这就要求直播封面图一定要足够吸引人。相关统计表明,精心设计了封面图的直播间,其流量要比使用默认头像的直播间大得多。

直播封面是每一个观众在观看直播前都会看到的第一张图片,很多观众正是因为直播封面做得有亮点,才选择进入直播间观看具体的直播内容。那么,如何才能制作一张具有吸引力的直播封面图呢?一般来说,制作直播封面需要掌握以下几个要点。

- 直播封面图的画面比例一定要合理,这样的封面图视觉冲击力更强,让人看着也更舒服。
- 直播封面图上的人物尽可能和主播一致,不要有太大差距。
- 直播封面图的画面要追求美观,直播带货的商品价值越高,封面图画面就要显得越有质感。
- 直播封面图上的文字应该尽量简洁,不要出现太多文字内容,文字的数量尽量控制在10个字以内,突出重点文字即可。
- 直播封面图要保持完整,最好不要有拼接和边框。
- 直播封面图应该尽量选择鲜艳的色彩来进行搭配,因为色彩亮丽的图片往往更具有吸引力。

一张优秀的直播封面图肯定是人物与商品整体比例协调、画面优美、色彩鲜艳的,只有这样的封面图才能让观众一眼就注意到它,进而点击进入直播间观看直播。

针对不同商品类目的直播封面,在制作技巧和思路上会有稍许的差异。下面为大家介绍3个常见直播类目的封面图制作技巧和思路。

1. 服装潮牌类

服装类目是电商领域中最热门的一个行业类目,也是流量竞争最激烈的几个类目之一。在这个行业中，直播封面最重要的是要展现出画面的美感。所以，在制作服装潮牌类直播封面图时，对主播的发型、服装、搭配、姿势都有一定要求，要尽可能地将主播在服装搭配上的美感展现出来。服装潮牌类直播封面示例如图 3-10 所示。

图 3-10　淘宝直播平台上的部分直播封面图

2. 护肤美妆类

护肤美妆类目直播封面图的制作主要以主播的颜值为核心。可以从主播的眼睛、眉毛、嘴唇和发型等方面入手，为主播打造一个精致的妆容，以突出商品的调性和卖点。护肤美妆类直播封面示例如图 3-11 所示。

图 3-11 护肤美妆类直播封面示例

3. 美食类

美食类目主要包含零食、小吃、主食以及生鲜等商品。大家都知道，作为食物必须色、香、味俱全才能有吸引力。那么，在制作美食类直播封面时，主要关注的就是食物的视觉表现，即色、香、味中的"色"。不仅要注意商品本身的细节展示，还要特别注意商品的摆放，力求做到画面美观，让人一看就能充满食欲。美食类直播封面示例如图 3-12 所示。

其他类目的主播在选取封面图时，只要在满足平台要求的前提下，展现产品卖点吸引粉丝点击即可。

图 3-12 美食类直播封面示例

3.2 发布直播预告

"流量时代,粉丝为王",大家都知道粉丝是直播带货的根源,但在一个直播账号运营的初期,它的粉丝数量是很少的,这时直播间的流量又该从何而来呢?一般会在一场直播正式开播前发布直播预告,将直播的主要内容和直播时间等信息提前告知给平台的用户,以此来为直播间引流。

3.2.1 认识直播预告

在一部电影上映前,通常会以召开发布会或公布电影预告等方式达到宣传的目的,让更多用户留意到电影。在直播中,仍然可以用这个方法来吸引粉丝。目前,多个直播平台都支持发布直播预告,提前吸引粉丝的关注。

某国民奶茶品牌,首次尝试直播带货就取得了 2 小时销售 565 单的好成绩。该品牌的首次直播之所以能够取得成功，"直播预告"功不可没。该奶茶品牌之前一直采用的是微商代理模式来经营的，大家都知道"微商"的流量大部分为私域流量，所以这些微商拥有大量从"朋友圈"中沉淀下来的粉丝。于是，品牌商家就和这些微商合作，让他们帮忙每天在自己的朋友圈发布多条直播预告和商品宣传信息。经过一周的预热宣传后，在真正直播这一天，这些微商手中的私域流量就会被充分激活。该奶茶品牌的首次直播选择在快手平台上进行，通过快手的"同城定位"功能和流量展示机制，又为直播间吸引了很多同城的陌生观众，并最终 2 小时成交了 565 单。

不同直播平台的直播预告形式有差异，这里主要介绍淘宝直播和抖音直播的预告形式。

某主播发布在淘宝直播平台上的直播预告，如图 3-13 所示。淘宝平台的直播预告可以直接看到直播开始的日期、时间及主题等信息，用户还可在评论区留言。

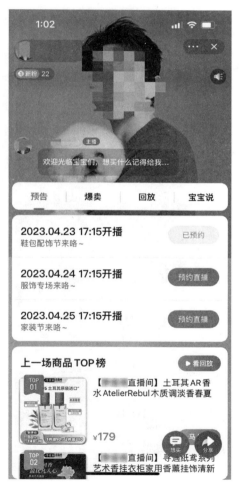

图 3-13 淘宝直播平台上的直播预告

一个清晰描述直播主题、内容的直播预告，可以让粉丝提前了解直播内容，也便于系统识别该场直播后，给予更多展现机会。就淘宝直播而言，一个符合要求的直播预告有以下好处。

- 有机会出现在淘宝直播首页的预告模块，也有机会在直播时优先获得浮现权。
- 有机会以焦点图的形式展现在"今日必看"板块下。
- 有机会展现在手机淘宝首页，获得大量流量。
- 预告能让站内用户了解直播间播放的内容，吸引到与直播内容匹配的粉丝。
- 在淘宝千人千面的算法下，也便于淘宝平台根据直播预告内容将其推广给精准用户，从而吸引到更多公域流量来到直播间。

除了淘宝直播，抖音、快手等以短视频为主导的平台，也支持发布直播预告，但其形式主要以短视频为主。例如，某主播发布在抖音平台的直播预告是短视频，如图3-14所示，通过插入剧情的形式告知用户某某直播的时间、主题等信息。

图3-14 抖音平台上的直播预告

如果是以短视频形式发布直播预告，那么短视频的内容非常关键，短视频内容不能过于直白，一定要生动有趣，具有吸引力。在制作直播预告时，一定要做到内容有趣、主题明确、利益点突出，这样才能吸引更多粉丝。

3.2.2 拍摄直播预告

在实际应用中，更多的直播预告都以短视频的形式展现，故主播在发布直播预告之前，需先熟悉拍摄直播预告（短视频形式）。这里以苹果手机为例，拍摄直播预告操作如下。

步骤1 打开手机，点击"相机"按钮，如图3-15所示。

步骤2 系统自动跳转至相机的拍照片功能页面，点击"视频"按钮，如图3-16所示。

步骤3 系统自动跳转至相机的拍视频功能页面，点击小红点按钮开始拍摄视频，如图3-17所示。

 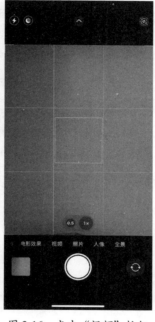 

图3-15 点击"相机"按钮　　图3-16 点击"视频"按钮　　图3-17 点击小红点

在结束拍摄时，再次点击小红点即可。根据以上步骤即可完成视频的拍摄工作，但为了呈现更好的视觉效果，还可对视频进行剪辑处理，如添加滤镜、字幕、音乐等。

3.2.3 在淘宝直播平台发布直播预告

主播可以在电脑端或手机端发布淘宝直播预告。下面以在手机端发布淘宝直播预告为例，进行详细讲解。

步骤1 登录"淘宝主播"App，进入首页，点击"继续直播"按钮，如图3-18所示。
如果是新开通的账号，则点击首页中的"立即开播"按钮。

步骤2 系统自动跳转至"开直播"页面，点击"发预告"按钮，如图3-19所示。

步骤3 进入到直播预告创建页面，添加直播封面、视频，填写直播标题、直播时间、直播简介等内容，点击"发布预告"按钮，如图3-20所示。

直播电商基础与实务实训教程

图 3-18　点击"继续直播"按钮　　图 3-19　点击"发预告"按钮　　图 3-20　直播预告创建页面

> **步骤 4**　根据上述操作，即可成功创建一个直播预告。返回首页，下拉页面，点击"我的直播"按钮，如图 3-21 所示。

> **步骤 5**　系统自动跳转至直播列表页面，可以查看之前发布的直播预告，如图 3-22 所示。

图 3-21　点击"我的直播"按钮　　图 3-22　查看直播预告

主播可发布一个月以内的直播预告,且可以同时发布多个直播预告。但为了让直播规律化,可效仿人气较高的主播,每天只发布一个次日的直播预告即可。

3.2.4 在抖音平台发布直播预告

主播可以在多个短视频平台发布直播预告。下面以在抖音平台发布抖音直播预告为例,进行详细讲解。

▶步骤1 登录"抖音"App,进入首页,点击"+"按钮,如图3-23所示。

▶步骤2 系统自动跳转至"快拍"页面,点击"拍摄"或"相册"(这里以点击"相册"为例,从相册里上传视频),如图3-24所示。

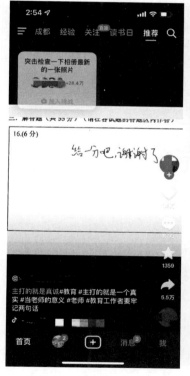

图 3-23 点击"+"按钮　　图 3-24 点击"相册"按钮

▶步骤3 系统自动跳转至相册素材页面,选择视频素材,如图3-25所示。

▶步骤4 视频素材上传成功,可预览视频,满意后点击"下一步"按钮,如图3-26所示。

▶步骤5 系统自动跳转至发布页面,填写视频文案、选择视频封面,点击"发布"按钮,即可成功发布抖音直播预告视频,如图3-27所示。

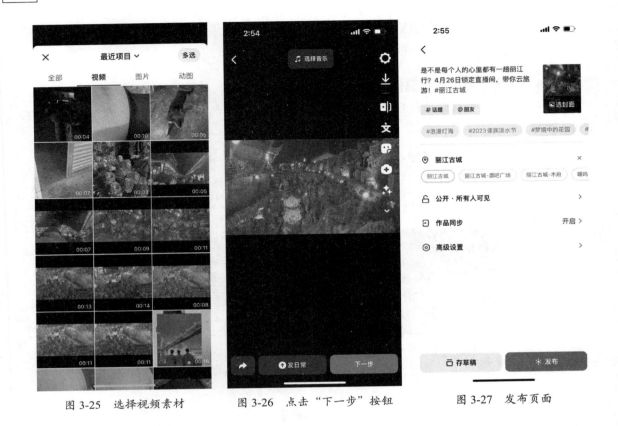

图 3-25　选择视频素材　　图 3-26　点击"下一步"按钮　　图 3-27　发布页面

3.3　设计直播脚本

一场直播成功与否，决定性因素是主播的内容输出。只要直播的内容有特色，就很容易吸引人。那么，如何打造一场成功的直播呢？撰写优质的直播脚本是关键因素之一。

3.3.1　直播脚本的重要作用

脚本是使用一种特定的描述性语言，依据一定的格式编写的可执行文件，又称为宏或批处理文件。这里可以把脚本理解为电影、电视的剧本，引导导演、演员协同合作完成一个好作品，得到广大观众的认可。特别是对于主播而言，任何一场直播都应该有备而来，提前策划好直播脚本，提高直播效果。

有直播脚本的主播在推荐某一款产品时，能在短短几分钟内说明产品的亮点打动粉丝，并加以一定的福利活动刺激粉丝下单。整个过程行云流水，可以说他卖得开心，粉丝们也买得开心。而有的主播，透过镜头不断地重复商品卖点，却得不到什么销量。所以，主播想做好直播，必须会策划直播脚本。

总体而言，直播脚本如图 3-28 所示，可分为单品直播脚本和单场直播脚本。

项目三
做好直播前的准备

图3-28 直播脚本的分类

- 单品直播脚本指以单个产品为单位，规范产品的解说，突出产品的核心卖点，细分产品的讲解时段，规范产品的讲解术语，明确产品的卖点，熟知对应产品的福利。
- 单场直播脚本则是以整场直播为单位，帮助主播把控整场直播节奏，明确人员职责分工，确定直播产品数量，确定客户福利及活动玩法，提前预测突发情况，规范直播流程与直播内容。

无论是单品直播脚本还是单场直播脚本，都对主播起着重要作用，如把控直播节奏、掌握直播主动权、将直播效益最大化等。

- 把控直播节奏：通过策划直播脚本，大致了解一场直播的时长、内容以及活动等内容，给粉丝留好印象。
- 掌握直播主动权：绝大部分的主播都想在直播中占据主动位置，而不是被粉丝牵着鼻子走。主播只有在有主动权的前提下，才能流畅地讲述自己的观点，让粉丝跟着自己的节奏走。
- 将直播效益更大化：当主播把控好直播节奏并且掌握主动权后，无论是获得打赏还是获得商品转化的可能性都会有所增加，从而直播的效益也会更大化。

特别是对于新手主播而言，无法与流量大的主播抢流量。但是只要策划好直播脚本，尽量让自己的直播内容被粉丝喜欢，长久下来，必然也能积累忠实粉丝。

3.3.2 设计整场直播脚本

生成正常直播脚本，需要结合产品、粉丝、营销策略、时间维度等多个方面。每一场直播都应该有其相应的主题、目标粉丝以及预算等内容，如图3-29所示。

图3-29 整场直播脚本的主要内容

1. 确定直播主题

从一场直播的需求出发，去策划直播主题，例如产品上新、清仓处理等。如果主播每日都直播，也应该策划相应的主题，如从粉丝的喜好或实时热门事件入手。例如，在2020年年初，微博流行

91

淡黄色的裙子穿搭，主播可以策划一场"盘点人气淡黄色裙子"的主题直播，吸引粉丝眼球。

部分主播为了让直播形成规律，为特定日子策划固定主题的内容，如周一和周五是上新日、周二和周四是大促日、周三为茶话会。

2. 找准目标粉丝

不同的粉丝，其兴趣爱好不同，在线时间也不同，所以，主播在策划一场直播时，需要根据直播主题和目标粉丝来策划直播的时间和内容。例如，一名宝妈的直播间，其主要粉丝是同年龄段的宝妈们，那直播的时间就应该避开早上。因为很多宝妈早上起床需要整理家务，给宝宝准备辅食，处于忙碌状态，看直播的可能性很小。在内容方面，多交流育儿经验，吸引宝妈们的关注。

3. 控制直播成本

很多主播不免发问，直播间需要控制成本吗？答案是肯定的。而且，这里的成本控制主要体现在发放优惠券、抽奖礼品以及产品折扣等方面。部分主播为了增大直播间的吸引力度，特意推出多重优惠或大幅降价的活动，虽然人气确实有所增加，但计算下来属于持平或亏损状况就得不偿失了。故主播在策划一场直播时，需要从实际出发，充分考虑直播成本。

4. 确定直播节奏

直播节奏主要指策划直播时长及时段里的大致内容。例如，一场直播的时长为6小时，在这6小时中需要做完哪些事，以及哪个时段里完成哪些事宜等。这些内容都要体现在直播脚本中，避免主播临时找话题，为了直播而直播，效果肯定不好。

另外，主播还需要提前安排好直播中需要做好哪些操作，如上新、抽奖、发放优惠券等。无论主播是一人还是团队，都要提前做好分工及工作规划，确保各项工作顺利开展。

3.3.3　设计单品直播脚本

从产品维度策划脚本，可以理解为单品脚本，主播通过脚本的形式，把产品的卖点、利益点通过可视化的内容展现给粉丝看。那么，如何从产品维度策划脚本呢？如图 3-30 所示，一个优秀的产品脚本，至少应该具备以下 3 要素。

图 3-30　产品脚本 3 要素

1. 体现专业性

首先，脚本一定要能体现专业性。例如，商场在做促销活动时，如果只靠发传单，无法很好地将产品卖点和利益点展现出来。但是可以借助导购小姐，告诉消费者某某产品好在哪里，现在买具有什么优势，甚至可以直接拿出小样给消费者体验，使其更全面地了解产品。所以，从产品维度策划出来的脚本，首先要具有专业性，起到类似导购员的指导作用。

对于主播而言，其专业性主要体现在直播专业性和产品专业性。直播专业性要求主播熟悉直播流程、规则，能解决直播中出现的各种问题，如硬件设备导致音频、视频卡顿等问题。而产品专业性则是指主播在介绍某产品时，必须了解产品的基本信息，避免由于不够专业而误导粉丝。

例如，主播在介绍一件衣服时，需从衣服的尺码、面料、颜色、版型、搭配等细节进行讲解。主播在讲解过程中扮演着专业穿搭博主的角色，要给粉丝提供正确的穿搭建议，才能得到粉丝的认可。

2. 体现产品卖点

想要做好直播，一定要通过单品脚本把产品卖点提炼并展现出来，不然粉丝如何在众多同类产品中选择你呢？在提炼卖点时，主播既可用传统方法展示产品卖点，如经久耐用、性价比高、适宜人群广等；也可以从自己与产品的关系出发，去建立信任背书，得到粉丝的认可。

例如，某淘宝主播创建了一个"鞋包厂长"的角色，通过镜头经常向粉丝们介绍鞋包生产材料、生产车间以及与商家谈判等内容，让"厂长"这个角色深入人心。厂长身上可以有多重标签，而对于消费者而言，最直接的标签则是"高性价比"，该主播通过直播表明自己可以将质量最好、价格最低的产品推荐给粉丝。久而久之，粉丝信任她，也愿意找她买产品，从而形成良性循环。

她在策划产品直播脚本时，需要体现的卖点之一也是高性价比。某主播在直播间强调自己的厂长身份，并表明为回馈粉丝已经争取到了最低价，买到即是赚到。实际上，也确实有很多粉丝愿意为该卖点买单，纷纷下单购买主播介绍的产品。

主播可以从自己产品的角度出发，逐一列出产品卖点，找到最具吸引力的卖点进行重点展示，吸引粉丝下单转化。

3. 与粉丝的互动

对于一个产品而言，其本身的质量和卖点确实是核心，但直播的互动也必不可少。部分主播在讲解产品时，为了不被粉丝带节奏，选择无视粉丝的提问，沉迷在自己的讲解中。这样看似占据主动权，但实际上得罪了很多粉丝，也很难生成订单。所以，主播在讲解产品时，也要兼顾粉丝的提问，做好互动工作。

从互动角度出发，主播可以站在消费者的角度上，设想自己可能会提出什么问题，提前在脚本中设置好答案，以便在直播中回复粉丝。例如，一名农产品主播在策划杧果脚本时，考虑到粉丝可能会对杧果的熟度、保存方法、使用方法等内容感兴趣，故提前收集这类问题的答案，并逐一整理好存放在脚本中便于使用。

例如，某品牌一款电煮锅的单品脚本如表 3-2 所示。

表 3-2　某品牌一款电煮锅的单品脚本

项目	商品宣传点	具体内容
品牌介绍	品牌理念	××品牌是一个专业为年轻人打造高颜值、多功能厨具的品牌，该品牌主张有创意、真实的年轻人生活体验，选择××品牌不只是选择一个产品，更是选择一种生活方式
商品卖点	用途多样	同时具备煮、涮、煎、烙、炒等多种烹饪功能
	设计理念	该电煮锅采用分体式设计，既可以当锅用，也可以当碗用 容量适当，一次可以烹饪一个人、一顿饭的食物 锅体有不粘涂层，清洗简单
直播利益点	"618"特惠提前享受	今天在直播间内购买此款电煮锅享受与"618"活动相同的价格
直播时的注意事项		在直播进行时，直播间界面显示"关注店铺"卡片； 引导用户分享直播间、点赞等； 引导用户加入粉丝群

3.3.4　直播营销"三点"方法论

直播营销的对象是消费群体，是各种不同类型的人。主播要设身处地地站在用户的立场上思考问题，深入了解目标用户群体的现状与内心感受，挖掘出其真正的需求，找到他们的"痛点"，挠到他们的"痒点"，触达他们的"爽点"，如图 3-31 所示。

这三点是一切营销的诱因，也是一切产品的根本策动点。如果一个产品的核心价值没有关联这三要素中的任意一个，很难变现。

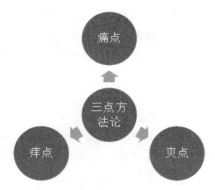

图 3-31　直播营销三点方法论

1. 痛点

痛点可以理解为用户在日常生活当中所碰到的问题，如果不解决痛点，会对用户的精神和身体造成伤害。主播应找到产品的目标用户的痛点，并解决痛点，以此吸引用户完成转化。例如，某主打美白功能的面膜，可以适当解决用户肤色暗沉问题。主播在介绍该面膜时，可这样突出痛点："我有个很好的闺蜜，什么都好，就是皮肤有点黑，可能和平时没注意防晒有关系。本来黑也没什么，但是最近谈了个男朋友，发现男朋友背地里给她取绰号叫小黑妹，瞬间就觉得心里不舒服，对男友也没那么喜欢了，开始到处问有没有变白的方法。"

通过这段描述，抛出用户害怕皮肤黑给自己的感情带来负面影响，解决了用户的皮肤问题，也给了用户购买该产品的原始动力。所以，主播要善于发现目标用户的痛点，并解决痛点，才可能促成交易。

2. 爽点

痛点是营销产品的抓手之一，另一个抓手则是爽点。爽点是即时满足，例如用户在炎炎夏日里喝到一瓶冰镇饮料时所产生的感觉。投射到直播营销中，如果产品或服务能满足用户的需求，就达到了用户的爽点。例如，某主播正在直播间讲解一款项链时，提到：

"……（讲解项链材质、品牌等信息）后天就是 5 月 20 号了，你的礼物准备好了吗？这款精美的花束美不美？再看这里面的玫瑰，寓意永恒的爱，送恋人是再合适不过了。这会儿在直播间下单，下午 4 点前顺丰包邮发出，部分城市明天可达。"

通过强调产品的外包装及物流速度，表明喜欢这款花束的用户可迅速收到货，解决节日没有选好礼物的问题。

3. 痒点

如果说痛点是解决用户的问题，那痒点就是满足用户的欲望。如外卖平台的出现，就抓住了用户的爽点。按理说，即使没有外卖平台，大家也可以自己去餐饮店打包食物；但有了外卖平台，用户可以直接通过线上选购、支付，享受足不出户获得食物的感觉，这就是即时满足的爽。

在直播营销中，痒点是极其容易被忽略的点。因为有的产品没有痒点，而有的有痒点却被主播所忽略。例如，某主播在讲解一款儿童背包时，可以讲到：

"（讲解背包的外观、尺寸等信息）对了，这款背包还有一个巧妙之处。大家看这里，（展示背包领标）家人们在下单时，可联系客服，在领标处写上小朋友的姓名以及家长的联系方式。如果小朋友在人多的商场或车站和家长走散了，小朋友可找路人拨打领标上的电话联系家长。"

对于大多家长而言，给孩子购买背包时，更为关心背包的外观、材质等因素，至于能不能写家长电话，可能是次要的。但这个点可以作为一个加分项，使产品更可能得到家长的认同。

痛点、爽点、痒点都是很好的产品切入点，部分产品会同时包含多个切入点。主播在营销过程中，要尽可能将以上要素都融入进去，使产品更具吸引力。

3.4 策划直播话术

在直播过程中，主播应该如何快速活跃直播间氛围，营造一个人气爆棚的直播间？如何才能快速把货卖出去呢？这里就不得不提到直播话术。优秀的话术可以挖掘出用户的核心需求，快速引起用户的注意和兴趣，打消其顾虑，激发其购买欲望，促成其下单购买。直播话术又包括开播话术、留人话术、互动话术、催单话术以及下播话术等。

3.4.1 直播开播话术

相信大部分主播在直播初期都可能遇到过这些问题：不知道说什么，不知道如何与粉丝交流，不知道如何介绍产品，不知道如何回复粉丝的一些问题。其实，这都是因为没有掌握一些直播话术。在开始直播时或有大量新用户进入直播间时，可用欢迎话术来开场。因为直播间风格不同，欢迎话术也略有区别，这里主要介绍开播欢迎话术和开播暖场话术。

- 简洁型：简洁型的欢迎话术是很多新人主播都会使用的一种，但是话术比较机械，没有较强的吸引力，很难吸引观众驻足。例如："大家好，我是×××，这是我的第×天直播，谢谢大家捧场！""欢迎×××来到直播间，喜欢主播的点头像关注哦！"
- 点明直播主题型：点明直播主题型的欢迎话术可以明确地向观众传递出主播要直播的内容是什么，能让观众对接下来的直播有一个清晰的认知和期待。例如："主播每天晚上7点都会分享化妆技巧，喜欢主播的宝宝可以将直播间分享给朋友！""欢迎×××来到直播间，希望我的舞蹈能吸引你留下哦！""欢迎×××来到直播间，希望我的段子能给你带来快乐！"
- 找共同点型：找共同点型的欢迎话术是根据观众的昵称找到话题切入点，并与之进行互动。例如："欢迎×××进入直播间，看名字应该是喜欢旅游的宝宝，是吗？""欢迎×××进入直播间，宝宝也喜欢玩英雄联盟吗？这个角色特厉害！"
- 求关注型：求关注型的欢迎话术是现在绝大多数主播都在使用的一种话术，它有多种表达形式，有欢快活泼的、简单直接的、声情并茂的、搞笑的、煽情的等。

另外，在开播时，还可采用发放福利、抽奖活动，引导用户参与互动，如"话不多说，正式开播前先来一波抽奖，今天是母亲节，在评论区输入口号'妈妈我爱你'，我会随机截屏5次，每屏的第一位朋友将获得80元现金红包"。

3.4.2 直播留人话术

直播间的人气至关重要，如何留住更多用户，也是众多主播关心的问题。粉丝是直播带货变现的前提，能吸引更多用户互动、关注也是直播的重点，带货主播可以了解一些引导互动关注的话术，并将其灵活应用。

- 利用福利留人："宝子们，今天的秒杀品是……，不仅产品给力，价格更给力，错过这次不知道要等多久了，一定要看下去啊。"
- 及时回应用户问题：当用户对产品或对直播间有疑问时，正说明他们对产品或直播间是有兴趣的，那么一定要及时回应用户，让他们感受到被在意，从而才愿意留下。如"刚看到很多宝宝在问这件衣服的颜色，来，我给大家详细介绍一下这5个颜色，大家可以结合自身情况选择……"。

3.4.3 直播互动话术

在直播过程中，与用户的互动可以增进距离，同时也能通过互动得到一些用户反馈，故主播还应掌握一些直播互动话术。表 3-3 列举了部分直播互动话术。

表 3-3 直播互动话术

话术应用场景	话术技巧	示例
引导关注	强调福利，引导关注	新来的朋友们，左上角有福袋，点点关注、点点赞参与抽奖哦
	强调签到领福利	家人们，记得关注一下直播间哦，连续签到 7 天可以获得一张 10 元无门槛优惠券
	强调直播内容的价值	大家都知道晴子是一名美妆主播，有想了解更多护肤、美妆技巧的朋友们，可以关注一下主播哦
邀请用户进群	用福利做诱饵	今晚我们为观看直播的朋友们专门建立了一个交流群，欢迎加入，群里不定时有秒杀、免单活动哦
活跃直播间氛围	强调优惠	这款洗面奶的市场价格是 188 元，各大电商渠道都可查询的哦，今晚直播间福利价只要 128 元，限量 500 件
	强调价值	跟着主播练，15 天还你一个小蛮腰
	使用修辞手法	啊！好闪，钻石般闪耀的嘴唇！
转场引起下文	提问互动，引出下文	看了刚才的眼妆，不知道大家还有什么疑问，欢迎提问
	说明商品特色，引出下文	好多人都不信 15 秒可以画好眼线，其实是因为你们没有这款神器

3.4.4 直播催单话术

很多用户在了解产品后仍然有所顾虑，卡在下单环节，此时如果主播用好催单话术，可以直接促成订单。表 3-4 列举了部分直播互动话术。

表 3-4 直播催单话术

目的	话术要点	具体话术
了解用户需求，抓痛点	美妆类 - 口红（需求 - 抬肤色 / 显气色）	黄皮 / 白皮 / 完全不挑人，涂上嘴完全高级感的哑光色口红想不想拥有？
	服饰类 - 裤子（需求 - 显瘦显高质量好）	这条裤子我穿了 2 年了，百搭又好看，洗完不起球，关键是显得腿巨长，想要吗？
	美食类 - ×××品牌小蛋糕（需求 - 好吃健康实惠）	这个品牌的小蛋糕是我目前吃过最好吃的，而且低卡路里，美味又不长胖，真的很适合一家人吃；口感很像小时候吃的鸡蛋卷，松松软软，甜而不腻，外面还有酥皮，一口咬下去入口即化；在天猫旗舰店一包要×××元，在我直播间领取专属优惠券只需要××元，老铁们赶紧抢吧！
突出产品卖点	使用"1+3 法则"（1 个产品 +3 个核心卖点）用最短的时间从外向内介绍产品卖点	性价比：这款衣服是法式显瘦修身的设计，×××明星同款（外部大家肉眼可见的）；它的材质、面料、细节等（内部大家肉眼不可见的）；它适用于×××场合穿着等（出现使用场景）； 好搭配：这件大衣很百搭，买一件当好几件穿了； 好洗涤：洗护方便很重要，不脱色不变形，手洗机洗都非常方便

续表

目的	话术要点	具体话术
展示效果和场景	突出细节，把售卖产品的做工、材质等细节放在镜头前展示给粉丝，强调产品的功能利益点	相信很多白领和我一样，总是烦恼穿什么才能既得体又舒适还好看，那么选这条连衣裙准没错。裙身采用××面料，垂感超级好；裙长刚好到膝盖，不管是骑车还是坐地铁都超级方便；而且这个面料真的超级舒适，洗了n次也没变形

3.4.5 直播下播话术

在临近下播时，需要一定的话术来给用户留下积极印象，从而吸引用户关注账号。常见的直播下播话术如下。

- 表达感谢，引导关注：谢谢大家，希望大家都在我的直播间买到了称心的商品，点击关注按钮，明天我们继续哦！
- 引导转发，表达感谢：请大家点击一下右下角的转发链接，和好朋友分享我们的直播间，谢谢！
- 强调直播间的价值观：我们的直播间给大家选择的都是性价比超高的商品，直播间里的所有商品都是经过我们团队严格筛选，经过主播亲身试用的，请大家放心购买。好了，今天的直播就到这里了，明天再见！
- 商品预告：大家还有什么想要的商品，可以在交流群里留言，我们会非常认真地为大家选品，下次直播推荐给大家。
- 预告直播利益点：好了，还有×分钟就要下播了，最后再和大家说一下，下次直播有你们最想要的×××，优惠力度非常大，大家一定要记得来哦！

3.5 直播间商品讲解要点拆解

直播营销的终极目的是把商品销售出去，所以主播在直播时要做好对商品的全面介绍，展示商品的完整形象。在介绍商品时，主播要遵循两个原则，一是对商品进行全方位的展示；二是商品描述要准确，如商品功能、材质、规格等。不同品类的商品特性不同，因此，主播需要有针对性地讲解。

3.5.1 美妆类商品讲解要点

抖音的女性用户很多，故对美妆类商品的需求也很大，不少主播在选品时也会考虑美妆类商品。那么，美妆类商品讲解的要点应包含些什么呢？如表3-5所示，这里以底妆、唇妆等商品为例，讲解其要点。

表 3-5 美妆类商品讲解要点

商品类型		介绍要点
底妆类		色号、持久度、滋润度、适合的肤质等
唇妆类		色号、持久度、滋润度，适用场景以及适合搭配的服装、妆容等
修容类		质地、颜色、试用效果等
遮瑕类		遮瑕度、滋润度以及适合的肤质等
眼妆类	眼线	颜色、持久度、防水性等
	眼影	质地、显色度、延展度、细腻度、持久性等
	眉笔	颜色、成分、质地、持久度、防水性等
	睫毛膏	持久度、功效等
化妆工具类		材质、使用方法、试用效果等
卸妆类		质地、卸妆效果、适用场景等
洁面类		成分、清洁强度、适用肤质及试用效果等
面膜类		功效、成分、使用方法等
美容工具类		功效、使用方法、使用效果等

3.5.2 服装类商品讲解要点

根据中国网购品类市场份额报告显示，服装是网上最畅销的商品之一，故服装类商品在多个直播平台都占有很大的份额。服装类商品在直播中也较为常见，这种用户可以直观看到商品的营销方式，有利于缩短用户和商家的距离。

服装类的商品不仅要吸引人、清晰漂亮，还要向用户传达丰富的商品信息，如商品的上身效果、风格、颜色等。那么，主播在讲解服装类商品时，又有哪些要点呢？可参考如图 3-32 所示的几点。

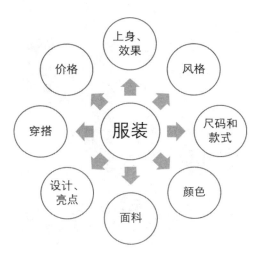

图 3-32 服装类商品讲解要点

通过如上几点的讲解，可让用户对介绍的服装有个基本了解，从而引发用户思考是否需要购入商品。

3.5.3 美食类商品讲解要点

与传统的图文营销相比，直播可以更具体地展现美食类商品的外观及口感等内容，故通过直播购买美食类商品的用户也不在少数。那么，主播在讲解美食类商品时应注意什么要点呢？

首先，是食品的口感风味。通过对食品进行试吃，展示食品的外观及描述食品的口感，让用户对食品有个基本了解。再通过描述食品的营养价值，刺激用户代入自己试吃食品后开心的情景中。再者，为了避免用户对食品不信任，还应出具相关报告或配料表等内容，来表明食品的安全性。最后，为了刺激用户更快下单，可以适当说明目前的价格优势。例如，某营销卤菜的直播间，就由主播边试吃卤菜产品，边描述卤菜味道，以及讲解套餐价格等内容，来介绍自家卤菜的亮点，如图3-33所示。

图3-33 某营销卤菜的直播间

3.5.4 3C 商品讲解要点

3C 商品主要是指计算机类（Computer）、通信类（Communication）和消费类电子产品（Consumer Electronics）。大部分 3C 商品都属于标品，有统一的型号、颜色等属性，多有品牌因素，需要很强的价格优势。因为大多数用户在网上购买此类产品时都很谨慎，喜欢在网上反复搜索、对比后才下单。

对于 3C 类商品，在讲解时则以开箱为主，从测评理由、下单、收货、检测、剖析、展示商品的生产工艺、性能、功能、技术指标等方面入手介绍，重点在于突出推荐商品与其同类商品相比的优势。

任务实训

任务一　剪辑直播预告视频

📄 任务描述

王力在一个直播电商公司做剪辑实习生，在熟悉了一段时间工作内容后，主管交给他一个剪辑直播预告的任务。要求他为一个直播预告视频进行加工、编辑，使其更具吸引力。

📄 任务目标

学生能够根据操作流程完成直播预告（视频形式）的剪辑处理（以添加音乐和字幕为例）。

📄 任务实施

视频剪辑软件很多，如手机端常见的"剪映"App、"乐秀"App、"小影"App 以及电脑端常见的爱剪辑、会声会影、Adobe Premiere 等。以上剪辑软件基本能满足剪辑需要，这里的剪辑操作多以"剪映"App 为例。

步骤 1　打开剪映 App，点击"开始创作"按钮，如图 3-34 所示。

步骤 2　选中一段或多段视频素材，点击"添加"按钮，如图 3-35 所示。

步骤 3　进入视频编辑界面，可对视频进行剪辑、添加音效、添加文本、添加贴纸等操作，如图 3-36 所示。

步骤 4　适当的音乐能提升视频效果。在编辑界面的功能列表区域点击"音频"按钮，如图 3-37 所示。

步骤 5　在弹出的"音频"功能菜单中点击"音乐"按钮，如图 3-38 所示。

步骤 6　系统自动跳转到"添加音乐"页面，选择合适的背景音乐，并点击该音乐进行试听，确定使用该音乐后，点击"使用"按钮，如图 3-39 所示。

 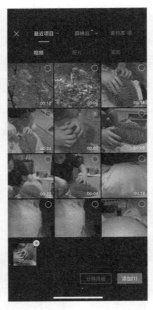 

图 3-34　点击"开始创作"按钮　　图 3-35　点击"添加"按钮　　图 3-36　视频编辑页面

 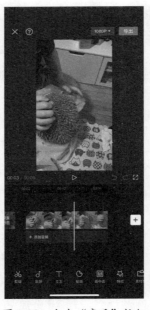 

图 3-37　点击"音频"按钮　　图 3-38　点击"音乐"按钮　　图 3-39　点击"使用"按钮

◎步骤 7　跳回视频编辑页面，即可查看已添加的音乐，如图 3-40 所示。在导入音乐后，还可对音乐素材进行更详细的设置，如调整音量、淡化、分割、踩点等。

◎步骤 8　为了让直播预告内容更具可读性，还可对视频进行添加字幕处理。点击视频工作界面的信息列表区域中的"文本"按钮，如图 3-41 所示。

 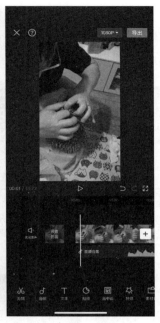

图 3-40　查看已添加的音乐　　图 3-41　点击"文本"按钮

▶**步骤9**　在弹出的文本页面中，点击"新建文本"按钮，如图 3-42 所示。

▶**步骤10**　在弹出的键盘页面中输入文字字幕，点击"√"按钮，即可生成字幕，如图 3-43 所示。同时，还可以根据视频的画面选择文字的样式、花字、气泡、动画等效果。

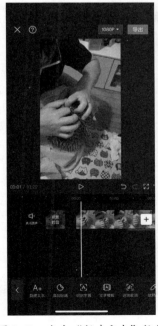 

图 3-42　点击"新建文本"按钮　　图 3-43　输入文字

◎**步骤11** 剪辑好视频后，点击右上角的"导出"按钮，如图3-44所示。
◎**步骤12** 系统自动跳转至导出视频页面，如图3-45所示。
◎**步骤13** 视频导出成功后，页面弹出"已保存到相册和草稿"提示，如图3-46所示。

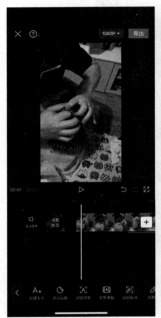 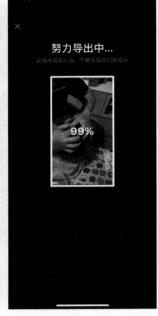 

图3-44 点击"导出"按钮　　图3-45 导出视频页面　　图3-46 "已保存到相册"提示

至此，王力即可完成对直播预告视频进行添加音乐和字幕的剪辑处理。

任务二　设计护肤品整场直播脚本

📋 任务描述

张兰在一个直播电商公司做运营实习生，最近主管要求她结合经验和公司需求，设计一场直播脚本。

📋 任务目标

学生能够根据操作所学知识设计直播脚本。

📋 任务实施

张兰所在的直播电商公司产品以护肤品为主，在写直播脚本前，她先大概确定了直播的人员、时间、场景等内容，如图3-47所示。

```
┌─────────────┐
│    人员     │
└──────┬──────┘
       ↓
┌─────────────┐
│    时间     │
└──────┬──────┘
       ↓
┌─────────────┐
│  直播场景   │
└──────┬──────┘
       ↓
┌─────────────┐
│  直播主题   │
└──────┬──────┘
       ↓
┌─────────────┐
│  使用产品   │
└──────┬──────┘
       ↓
┌─────────────┐
│  准备道具   │
└─────────────┘
```

图 3-47　确定直播要素

- 人员：主播露西、助理阿灿。
- 时间：21:00—24:00，3 小时。
- 直播场景：调试灯光效果，选择卧室或梳妆台前，营造温馨主题。
- 直播主题：秋季皮肤护理，内容爆款：如何避免上妆卡粉？面部脱皮怎么处理？
- 使用产品：按照日常护肤顺序讲解产品，穿插热点话题、科普整形小知识。
- 准备道具：水杯、喷壶、玻璃烧杯、搅拌器、实验用的洗面奶，以及碘伏、普通喷雾、透明玻璃碗、传统面膜、化妆棉、压缩面膜等。

为了将直播脚本细致化，张兰用表 3-6 的框架来填充内容，最终生成了一个完整的直播脚本。

表 3-6　张兰护肤品正常直播脚本

直播活动概述		
直播主题	秋季护肤小课堂	
直播目标	吸引 500+ 用户观看直播，并销售 3 万元的产品	
主播、副播	主播 ××；副播 ××；客服 ××	
直播时间	2023 年 10 月 16 日，21:00—22:00	
注意事项	合理把控商品讲解节奏； 适当提高商品功能的讲解时间； 注意对用户提问的回复，多与用户进行互动，避免直播冷场	
时间段	讲解重点	具体话术
21:00—21:15	用 10~15 分钟的时间去和粉丝们打招呼，聊粉丝感兴趣的话题，并"剧透"今日主题及利益点。为进一步吸引粉丝参与今日互动，可面对镜头展示今日礼品	早上好各位宝宝们，又和大家见面了，都吃早餐了吗？现在一早一晚还蛮冷的，我们这里现在大概 ×× 度，各位宝宝注意秋季保暖哦。今天我们直播间有好多福利优惠哦。 今天早晨起床早穿衣服的时候啪啪起静电，感觉头发都贴头皮了，好崩溃。还好我有 ××，哈哈~今天这个产品我也拿到我们直播间了，真的不错，最适合秋冬季节了。而且给大家也申请到了很大的优惠，待会儿给大家上。 其实这个季节真的是蛮尴尬的。昨天和姐妹去 ×× 餐厅吃饭，环境很好，灯光也很浪漫，让人很放松，但是我一凑近看我朋友的脸，天呐，都脱皮了，一块一块的。这个换季的时候，天气真是很干。南方可能还好点，

续表

		直播活动概述
		北方的话真是太干了。幸好我有一系列的护肤妙招分享给你们，保证你们不脱皮、不掉皮。对了，20分钟后有开播福利，不要走开哦。先说下我们今天直播间有些什么惊喜（讲利益点引导关注），看回放的宝宝也别忘了关注哟。
21:15—21:20	这5分钟里，主要由主播引导关注、分享直播间、放口号，让直播间热闹起来。这时，大家对今日产品还不够了解，故先推出现金红包，吸引用户参与	好啦，咱们老粉丝基本都到啦，每天都能见到你们真开心。新进直播间的宝宝呢，也别忘了点下关注。我们马上就要抽奖了，抽现金红包哟，没关注的宝宝中奖不算哈。各位宝宝别忘了分享我们的直播间给你们的亲朋好友，让她们一起来享受福利。 给大家2分钟时间准备，2分钟后开始抽奖。先预告一下一会儿的口号是××××。宝宝们可以先刷起来，刷的频率越高，越可能中奖哟。（讲解中奖屏幕截图领取规则，并给粉丝们互动的时间）恭喜××、×××和×××中奖了，你们稍后联系客服，提供会员名截图即可领取现金福利啦。没有中奖的宝宝也没关系，待会儿我还会抽奖品给大家哈。
21:20—21:30	用10分钟的时间，用肌肤故事引出今天的第一个产品	宝宝们，你们会不会经常去做皮肤护理？比如韩国小气泡之类的，一次大概100来块钱。其实呢，那些东西对皮肤是有伤害的。之前，我自己也买了一台这样的仪器，确实把脏东西都吸出来了。但是我发现用了一段时间后，我的鼻子不仅黑头没有减少，而且都是坑，变成了草莓鼻。我就很疑惑，明明都是按照说明书的操作来的，也有配合皮肤收缩水敷，每次吸完都感觉毛孔是空的，为什么还会发展成草莓鼻啊？ 后来也是在××的指点下明白了，这些方法都是治标不治本。我们的黑头是因为清洁不彻底，皮肤分泌的油脂啊！因为平时卸妆不干净，化妆品残留就会堵塞毛孔，久而久之就形成了黑头。像我之前那样，没有正确地清洁护理，就会导致皮肤越来越差，越来越油，反反复复恶性循环。正确的护肤流程应该是先清洁。在选择护肤品时，也要先选择质地比较清爽的，再涂质地油腻的，让皮肤有个循序渐进的吸收过程。而且仅仅靠护肤品是不够的，还有一个重要细节需要注意。你们知道是什么吗？是防晒！
21:30—21:45	把护肤带入场景，如旅游、户外等，加上营销方案，促进用户下单	很多宝宝都喜欢旅游，或者由于工作原因需到户外去，如果你没有进行隔离防晒，长期下来皮肤就会长斑、没有光泽。更有部分人对紫外线过敏，出现皮肤泛红发痒、变黑等问题。 我平时也用过一些防晒的产品，像防晒霜、防晒乳、防晒喷雾，但不知道你们有没有和我出现同样的尴尬情况？有的防晒霜或喷雾喷到身上，一旦涂抹不均匀就会出现结块、结团的现象，导致皮肤白一块黑一块，不仅难看而且黏腻。夏天脸上本来就容易出汗影响妆容，再油腻一点，整张脸就像一面反光镜。 来，这款喷雾是一个韩国产品，是一个微氧泡泡科技，一喷一抹就行，涂抹特别均匀，清爽不油腻；而且买了这个喷雾连素颜霜的钱都省了，它可以直接涂抹在皮肤上，不卡粉也不需要打美白针。喷雾里含有红石榴（抗氧化）、紫玉兰（生长在海拔300~1600米高的山上，有药用价值，可以入药起消炎作用）、积雪草（入药清热消肿），全脸全身都可以用。

续表

		直播活动概述
		而且这个喷雾不需要额外卸妆,洗面奶一洗就可以。简直就像穿隐形丝袜,一抹就白,越用越白,敏感肌也可以用。就在我们家1号链接,整容医院卖400多元一瓶,其他电商渠道178元一瓶,我们直播间专享价128元,而且,现在拍下一瓶直接发两瓶。100ml的包装,可以随身携带,也可以上飞机高铁。
21:45—22:00	在讲解护肤类知识的同时引出第2款产品	咱们直播间有做过水光针的宝宝吗?打完水光针会不会因为一脸的针孔出现过敏现象?医生是不是会针对过敏给你们推荐一些价格比较贵的面膜?而且是打完水光针马上就敷?那是因为医用面膜是带有治疗功效的,属于械字号。产品必须有一定的治疗作用而且安全才可以申请械字号,国家食品药品监督管理总局如果有该产品的备案且认为该产品合格才可以审批械字号。所以这类产品价格比较贵,很多宝宝直呼用不起。 我们平时用的化妆品都是妆字号,叫化妆品,大牌的兰蔻、雅诗兰黛都是妆字号。那么在妆字号的产品里,是否有性价比较高的面膜可以解决打水光针的问题呢?普通的面膜都是用无纺布(无纺布是最廉价的面膜材质),而我们有款面膜是用天然蚕丝制成,轻薄服帖(用小牙刷去刷面膜拉出明显的蚕丝),而且满满的精华液,男女老少甚至孕妇都可以用,不添加荧光剂,适合用于术后修复、水光针修复、过敏修复、红血丝修复、晒后修复等。上次我去泰国玩,晒得脸通红,火辣辣的,回酒店后马上敷了两片,马上就不红、不肿了,真的是一次就见效。而且现在这款产品有太平洋保险理赔、315体系认证……可以放心购买。原价299元一盒,现价只要199元一盒,有皮肤修复护理需要的宝宝们可以入手了!

【项目评价】

【项目评价表1——技能点评价】

序号	技能点	达标要求	学生自评		教师评价	
			达标	未达标	达标	未达标
1	掌握制作直播宣传资料的内容	1. 学生能够说出撰写直播宣传文案的要点 2. 学生能够说出直播标题的写作方法 3. 学生能够说出设计直播封面的要点				
2	掌握发布直播预告的内容	1. 学生能够说出什么是直播预告 2. 学生能够上手拍摄直播预告的实际操作 3. 学生能够上手在淘宝平台发布直播预告的实际操作 4. 学生能够上手在抖音平台发布直播预告的实际操作				

续表

序号	技能点	达标要求	学生自评		教师评价	
			达标	未达标	达标	未达标
3	掌握设计直播脚本的内容	1. 学生能够说出直播脚本的重要作用 2. 学生能够说出设计整场直播脚本的要点及实际操作 3. 学生能够说出设计单品直播脚本的要点及实际操作 4. 学生能够说出直播营销"三点"方法论				
4	掌握策划直播话术要点	1. 学生能够说出直播开播话术要点 2. 学生能够说出直播留人话术要点 3. 学生能够说出直播互动话术要点 4. 学生能够说出直播催单话术要点 5. 学生能够说出直播下播话术要点				

【项目评价表 2——素质点评价】

序号	技能点	达标要求	学生自评		教师评价	
			达标	未达标	达标	未达标
1	洞察能力	1. 具备敏锐的观察力 2. 善于搜集有用的资讯				
2	总结归纳能力	1. 具备较强的分析总结能力 2. 逻辑思维能力强,善于分析相关资料并归纳总结				
3	独立思考能力和创新能力	1. 遇到问题善于思考 2. 具有解决问题和创造新事物的意识 3. 善于提出新观点、新方法				
4	实践能力	1. 具备社会实践能力 2. 具备较强的理解能力,能够掌握相关知识点并完成项目任务				

 思政园地

【思政案例】

2021 年 12 月,一个全网有着两千多万粉丝的账号上了热门。@牛爱芳的小春花 展现的是一对农民夫妻过着简单朴素的农村生活。镜头里的他们没有美颜特效,也没有狗血剧情,给人真实、接地气的感觉,正因如此,该账号吸引了一众网友。

2021年10月30日，@牛爱芳的小春花 首次开播，观看人次突破2700万，销售额也达到了两千多万。但细心的网友发现不仅直播间产品价格虚高，且这两人还做过其他账号。随着以前的账号被公布，该账号人设瞬间崩塌，网友的骂声也越来越高，导致最后该账号掉粉严重。

请针对上述案例思考以下问题。

（1）你对案例中主播人设的搭建有什么看法？

（2）人设固然重要，但有必要为了吸引眼球打造虚假人设吗？

课后习题

一、选择题（单选）

（1）下列选项中，不属于撰写直播宣传文案技巧的是（　　）。

    A. 价值宣传   B. 借势宣传

    C. 制造紧迫感   D. 模仿同行

（2）以下选项中，不属于设计单品直播脚本要点的是（　　）。

    A. 体现品牌价值   B. 体现专业性

    C. 与粉丝的互动   D. 体现产品卖点

二、选择题（多选）

（1）直播营销"三点"方法论指的是（　　）。

    A. 痛点   B. 爽点

    C. 痒点   D. 冰点

（2）在设计整场直播脚本时，需要注意的是（　　）。

    A. 确定直播节奏   B. 确定直播主题

    C. 控制直播成本   D. 找准目标粉丝

（3）直播电商的特点不包括（　　）。

    A. 场景真实性   B. 即时互动性

    C. 营销效果直观性   D. 低成本性

三、判断题

（1）所有的直播预告都是短视频形式。（　　）

（2）催单话术最重要，需要重点策划。（ ）

（3）大部分 3C 商品都属于标品，有统一的型号、颜色等属性，多有品牌因素，需要很强的价格优势。（ ）

（4）在淘宝平台和抖音平台发布直播预告的步骤相似。（ ）

四、简答题

（1）直播脚本有什么作用？

（2）什么是逆向表达型标题？

项目四
直播过程实施与控制

【项目导入】

直播电商与泛娱乐类的直播不同，需要添加商品让直播间有货可卖；为了刺激更多用户下单，营造营销氛围，还需要设置一些有利于产品转化的信息。故本章从直播过程实施与控制出发，详细讲解如何在直播中添加商品、如何设置抽奖活动、如何设置秒杀活动等内容。

【学习目标】

知识目标

（1）学生能够说出抽奖活动的作用。

（2）学生能够说出秒杀活动的作用。

（3）学生能说出优惠券的作用。

（4）学生能说出关注小卡的作用。

（5）学生能说出设置公告的作用。

能力目标

（1）学生能够根据步骤引导完成新建电脑端直播间。

（2）学生能够根据操作流程完成在电脑端添加直播商品。

（3）学生能够根据操作流程完成抽奖活动的设置。

（4）学生能够根据操作流程完成秒杀活动的设置。

（5）学生能够根据操作流程完成优惠券的设置。

（6）学生能够根据操作流程完成关注小卡的设置。

（7）学生能够根据操作流程完成公告的设置。

素质目标

（1）学生具有敏锐的洞察能力。

（2）学生具备总结归纳能力。

（3）学生具备独立思考能力。

（4）学生具备较强的实践能力。

课前导学

4.1 直播开播管理

在开启一场直播之前，需要对直播间进行设置，如设置直播画面、添加直播商品等。虽然各个直播平台之间的操作有所差异，但大体方向类似。这里以淘宝直播为例，详细讲解直播效果设置及添加直播商品等操作。

4.1.1 新建电脑端直播间

主播可以通过手机和电脑直播，但相较于手机直播，电脑端直播有如下优势。

- 手机直播过程中，容易遇到无线网络不稳定、直播卡顿的问题。但电脑可以使用有线网络直播，因此网络更稳定。
- 在直播过程中，电脑直播软件可以对音视频进行加工，增加更多趣味元素。
- 手机镜头像素可能不够高，容易出现镜头模糊问题，电脑可以配置专业的摄像头，镜头更清晰。
- 手机性能有局限性，如果长时间直播，容易出现手机发烫、电源不够等造成直播卡顿、暂停。电脑性能更高，能减少发生上述问题的概率。

下面详细讲解新建电脑端直播间的操作步骤。

▶步骤1　在电脑中下载并登录淘宝直播软件，填写手机号、验证码，点击"确定"按钮，如图4-1所示。

图4-1　登录淘宝直播软件

◎步骤2：登录成功后，自动跳转至新页面，点击"我要开播"按钮，如图4-2所示。

图4-2　点击"我要开播"按钮

◎步骤3　进入淘宝直播页面，点击左上角的"摄像头"按钮，在弹出的文本框中查看摄像头信息，可对摄像头信息进行调整，如图4-3所示。

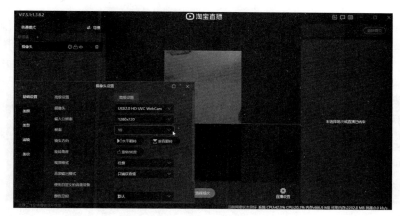

图4-3　点击"摄像头"按钮

◎步骤4　主播可点击"直播设置"按钮，对直播视频、音频等内容进行设置，如图4-4所示。

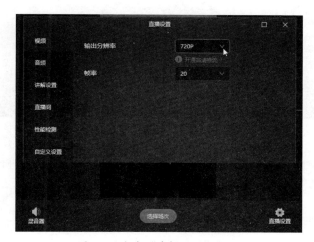

图4-4　点击"直播设置"按钮

▶ **步骤5** 设置好大体信息后，点击"选择场次"按钮来选择直播场次，如图4-5所示。

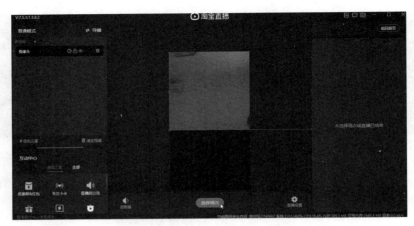

图4-5　点击"选择场次"按钮

▶ **步骤6** 跳转至选择场次页面，可创建直播或选择已有场次（这里以创建直播为例），上传直播封面图、填写直播标题和简介等内容后，点击"创建直播"按钮，如图4-6所示。

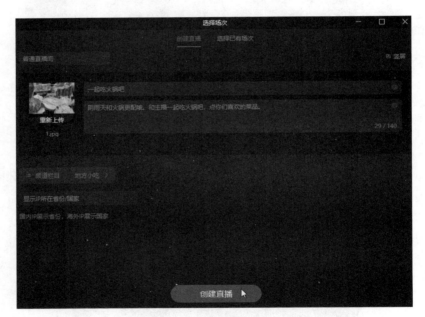

图4-6　点击"创建直播"按钮

截止到这里，即可开启一场直播。在开始选择场次前，还可对直播间进行更多设置，如设置信息卡、设置美颜功能等。主播可结合实际情况和需求对其进行设置。

4.1.2　电脑端添加直播商品

主播可以在发布预告或建立直播时添加商品，也可以在开播前或开播过程中再添加商品。而在电脑端直播前或直播中添加商品,可以发起半价购买、第二件0元等活动,吸引更多粉丝转化。下面以在直播中添加商品为例,进行详细讲解。

◎**步骤1** 在直播中状态下的电脑端的中控台中,点击"商品上架"按钮,如图4-7所示。

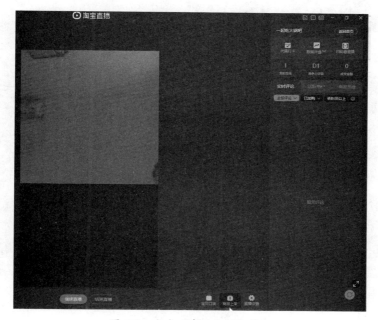

图4-7 点击"商品上架"按钮

◎**步骤2** 弹出商品上架页面,可在多个选项中添加商品(如最近发布、本店热销、本店新品等),这里以点击"本店热销"为例,在弹出的通用商品中勾选宝贝,点击"下一步"按钮,如图4-8所示。

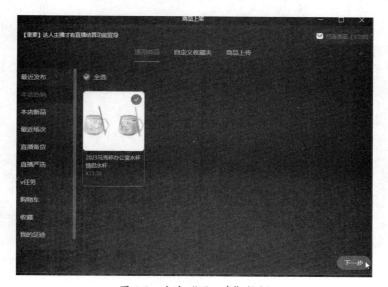

图4-8 点击"下一步"按钮

▶步骤3 系统跳转至新页面，勾选商品并点击商品后面的"编辑利益点"按钮，在弹窗中填写利益点，点击"确定"按钮，如图4-9所示。

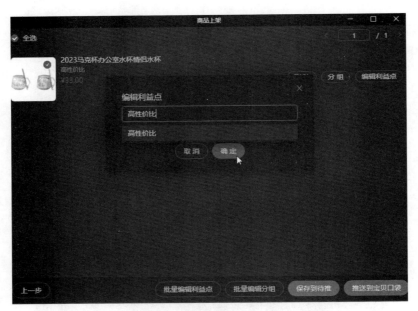

图4-9 点击"确定"按钮

▶步骤4 点击"推送到宝贝口袋"按钮，如图4-10所示。

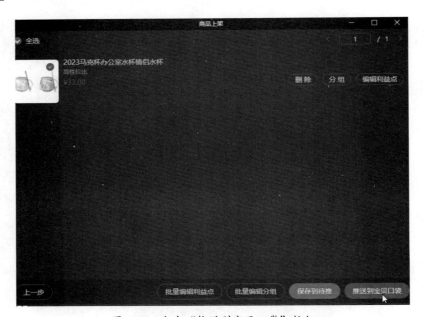

图4-10 点击"推送到宝贝口袋"按钮

▶步骤5 系统弹出确认发布宝贝页面，点击"确认"按钮，如图4-11所示。

图 4-11 点击"确认"按钮

◉ **步骤 6** 系统返回直播页面,点击"宝贝口袋"按钮,如图 4-12 所示。

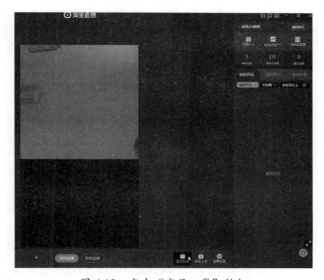

图 4-12 点击"宝贝口袋"按钮

◉ **步骤 7** 系统跳转至宝贝口袋页面,即可查看已添加的商品,如图 4-13 所示。

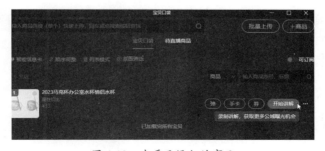

图 4-13 查看已添加的商品

截止到这一步,主播还可对商品进行更多设置,如设置券、设置弹窗、开始讲解等。值得注意的是,主播在添加商品及利益点时,最好加上语言诱惑。例如,在讲解上述商品时,可加上"我现在要上架一款热门商品,为了感谢大家对我的支持,特推出第二件 0 元的活动。活动名额只有 50 个,大家做好抢购准备哟"。

4.2 直播中控台操作

淘宝直播中控台是淘宝卖家直播卖产品的直播平台,主播可以在淘宝直播中控台上控制直播情况,查看直播信息。通过直播中控台,可以设置一些营造直播氛围的活动,如抽奖活动、秒杀活动以及关注小卡等。

4.2.1 直播中控台操作——设置抽奖活动

抽奖是主播与直播用户互动、拉新涨粉的利器,能活跃直播氛围,提升流量。例如,某直播间的抽奖活动弹窗如图4-14所示。

图4-14 某直播间的抽奖活动信息

抽奖类活动是直播间最常见的活动玩法,如图4-15所示,主要包括问答式抽奖、动态点赞抽奖、开播福利抽奖、整点抽奖以及悬念抽奖等。

图4-15 抽奖类活动玩法

1. 问答式抽奖

主播提出问题，率先得出正确答案的粉丝可获得礼品。例如，一位售卖鲜花的主播，提问粉丝自己手里拿的花叫什么名字（正确答案可在产品详情页中找到），粉丝纷纷留言给答案，主播在弹幕中找到最先回答正确的 3 名或 5 名粉丝，送出礼品。这样能刺激粉丝主动浏览产品详情页，并在找产品的过程中提高对产品的兴趣及购买的可能，与粉丝的互动也能提高直播间热度。

2. 动态点赞抽奖

主播让粉丝在特定环境下点赞，抽取幸运儿赠送奖品。例如，很多淘宝主播会提醒粉丝们点点右下角的点赞按钮，当点赞量达到 20000 时，抽取一波福利。这种玩法比较简单，但需要主播具备控场能力，尤其是在秒杀一件产品时，提醒粉丝点赞，让热卖和点赞同时进行。点赞抽奖能给粉丝持续的停留激励，增强粉丝的黏性，也让有闲暇时间的粉丝更有理由留在直播间，有利于提高直播间的观看数量、粉丝停留时长等数据。

3. 开播福利抽奖

在开启直播的第一时间先来一波抽奖，将流量主动汇集在一起，提升直播间的排名。例如，某知名主播开播前喜欢说："废话不多说，我们先来一波抽奖"，以福利抽奖开启直播。很多粉丝形成习惯后，会准时来到直播间等待抽奖，提高直播间人气。

4. 整点抽奖

整点抽奖指的是在整点时抛出抽奖活动。例如，某主播每天 13:00—18:00 直播，每到一个整点时段，都会开启一个抽奖活动。这样有利于主播将粉丝在整点时召集起来，制造短期的人气高峰和成交。

5. 悬念抽奖

悬念抽奖也称为不定时抽奖，指主播没有提前预告，也没有形成固定时间点的抽奖活动。例如，当主播在讲解一款产品时，发现该产品的转化情况很好，可以再推出一波抽奖福利，吸引更多粉丝转化。

以上 5 种抽奖活动都有利于直播间数据的提升，主要作用体现在如图 4-16 所示的几方面。

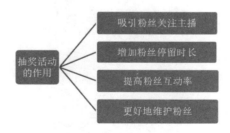

图 4-16　抽奖活动的作用

- 吸引粉丝关注主播：很多抽奖活动都以关注主播为前提，如果某粉丝中奖，但却没有关注主播，那么获奖名额无效。故在开启活动前，主播都会主动提醒粉丝们点击关注，如此一来可以吸引更多粉丝的关注。

- 增加粉丝停留时长：在开始问答式抽奖、点赞抽奖以及整点抽奖前，主播会主动提醒接下来有抽奖活动。此时要离开直播间的粉丝，难免会在抽奖的诱惑下再停留几分钟，直至抽奖结束，可以增加粉丝停留时长。
- 提高粉丝互动率：在问答式抽奖及点赞抽奖时，往往需要粉丝留言给出答案或产生点赞行为，能有效提高粉丝互动率。
- 更好地维护粉丝：固定的抽奖活动，有利于吸引忠实粉丝准时、主动进入直播间进行互动。而用抽奖活动来回馈粉丝，也更容易增强粉丝的归属感和互动感。

主播如果能策划好抽奖活动，提升粉丝关注量、互动率，增加粉丝停留时长，更有利于直播间的流量获取。例如，某直播间的各项数据良好，能将系统分配的 500 个用户转化成一半或三分之一的粉丝，那么系统愿意为其分配更多流量；反之，系统会逐渐将 500 个用户缩量到 300、200、100 甚至更少。发起抽奖活动的方法如下。

⊙**步骤 1** 在直播中状态下的电脑端的中控台中，点击"互动中心"下的"福利抽奖"按钮，如图 4-17 所示。

图 4-17 点击"福利抽奖"按钮

◉ **步骤2** 弹出抽奖页面，填写奖品信息和中奖人数，点击"开始抽奖"按钮，如图4-18所示。

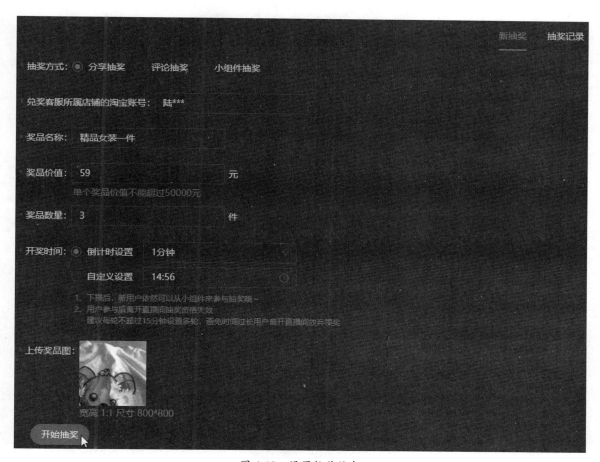

图4-18 设置抽奖信息

根据以上操作，即可完成一个抽奖活动设置。在抽奖结果页面，可弹出中奖名单信息。

4.2.2 直播中控台操作——设置秒杀活动

对于秒杀，无论主播还是粉丝都已经司空见惯，特别是带货的直播间，秒杀活动出现得更为频繁，因为这有利于提高直播间的转化率。秒杀类活动的玩法也比较简单，主要就是通过限时、限量的方式，引导粉丝积极购物。

例如，淘宝某直播间设置有"直播限时秒杀"板块，其板块下都是秒杀产品，如图4-19所示。

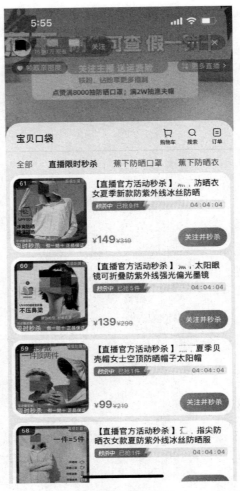

图 4-19 秒杀产品

秒杀活动一般会用倒计时、抢购等方式营造出紧张、急促、刺激的氛围，刺激粉丝的参与。主播可在直播后台设置秒杀活动，也可以日常挂货，直接与客服做好配合即可。例如，某主播在 11:50 讲解某台灯时提到 5 分钟后将有个秒杀活动。在 11:55 时，主播公布玩法，在 11:55—12:00 期间下单的粉丝，前 100 名联系客服的可领取价值 50 元的指定产品代金券，领取到代金券的粉丝可享受 19.9 元购买原价 69.9 元的产品。

发起秒杀活动的方法如下。

⊙**步骤1** 在直播中状态下的电脑端的中控台中，点击"互动中心"下的"秒杀配置"按钮，如图 4-20 所示。

图 4-20　点击"秒杀配置"按钮

> **步骤 2**　系统自动跳转至秒杀配置页面，由于之前未创建过相关活动信息，这里点击"秒杀配置"按钮新建秒杀活动信息，如图 4-21 所示。

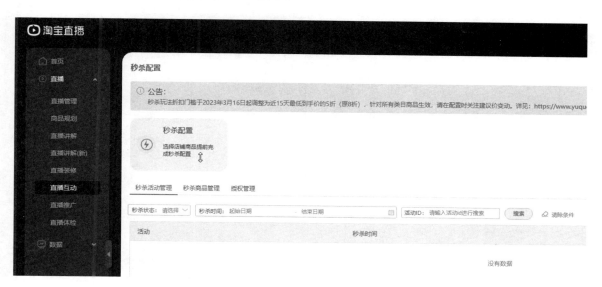

图 4-21　点击"秒杀配置"按钮

> **步骤 3**　进入秒杀配置页面，填写活动名称、活动时间等信息，点击"下一步"按钮，如图 4-22 所示。

图 4-22 点击"下一步"按钮

步骤 4 系统自动跳转至秒杀配置的添加商品页面，填写商品 ID，选择商品，即可完成秒杀活动配置，如图 4-23 所示。

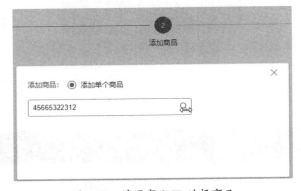

图 4-23 填写商品 ID 选择商品

步骤 5 返回秒杀配置页面，可以看到之前设置好的秒杀活动信息，如图 4-24 所示。

图 4-24 设置好的秒杀活动信息

4.2.3 直播中控台操作——设置优惠券

在直播中投放红包、优惠券等福利，起着引导粉丝、活跃氛围的作用，并在一定程度上刺激粉丝下单，是直播中常见的玩法。主播可在中控台中设置优惠券、红包及淘金币等福利发放。这里以发放优惠券为例，其操作步骤如下。

步骤1 在直播中状态下的电脑端的中控台中，点击"互动中心"下的"优惠券&红包"按钮，如图4-25所示。

步骤2 系统自动跳转至权益投放页面，由于之前未创建过相关权益信息，这里点击"自有权益&授权的权益"按钮，如图4-26所示。

图4-25 点击"优惠券&红包"按钮　　图4-26 点击"自有权益&授权的权益"按钮

步骤3 进入权益设置页面，点击"创建优惠券"按钮，如图4-27所示。

图4-27 点击"创建优惠券"按钮

步骤4 进入设置优惠券页面，可选择新建店铺优惠券和商品优惠券，这里以点击"创建商品券"为例，创建商品优惠券，如图4-28所示。

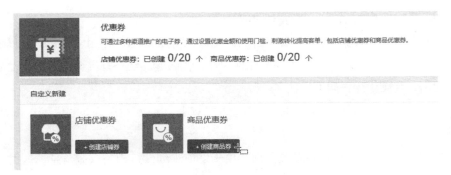

图 4-28　点击"创建商品券"按钮

▷**步骤 5**　进入创建商品优惠券页面，填写基本信息，选择商品，点击"确认"按钮，如图 4-29 所示。

图 4-29　点击"确认"按钮

▷**步骤 6**　下拉进入设置面额信息页面，设置优惠金额、使用门槛等信息，点击"资损风险校验"按钮，如图 4-30 所示。

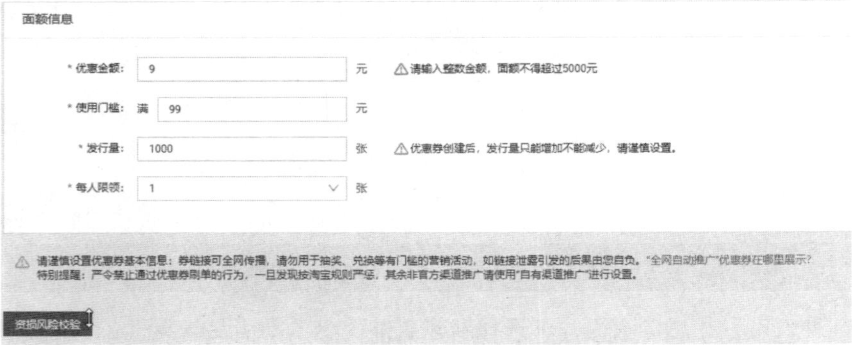

图 4-30　点击"资损风险校验"按钮

> **步骤 7** 系统自动跳转至创建成功页面，如图 4-31 所示。

图 4-31 创建成功页面

> **步骤 8** 返回权益设置页面，选择之前创建好的商品优惠券，点击"OK"按钮，如图 4-32 所示。

图 4-32 点击"OK"按钮

> **步骤 9** 返回权益投放页面，选择之前创建好的商品优惠券，点击"投放"按钮，如图 4-33 所示。

图 4-33 点击"投放"按钮

> **步骤 10** 弹出权益投放窗口，点击"已检查完成，确认投放"按钮，如图 4-34 所示。

图 4-34 点击"已检查完成,确认投放"按钮

>**步骤** 11 在权益投放历史记录中,可查看已设置并投放的优惠券信息,如图 4-35 所示。

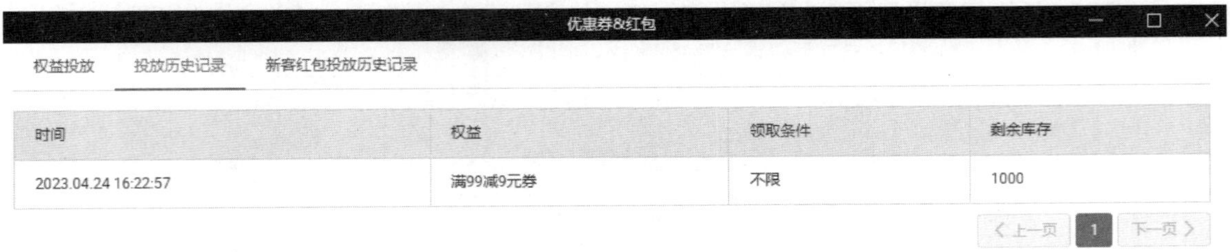

时间	权益	领取条件	剩余库存
2023.04.24 16:22:57	满99减9元券	不限	1000

图 4-35 查看已设置并投放的优惠券信息

完成以上操作后,粉丝就可以在直播间中看到一个商品优惠券了,感兴趣的粉丝可根据提示领取优惠券。

4.2.4 直播中控台操作——设置关注小卡

关注小卡是淘宝直播的工具之一,其主要目的是引导粉丝关注主播或店铺。设置成功后,淘宝直播页面中会展现关注的引导卡,方便粉丝直接关注主播或店铺。设置关注小卡的方法如下。

>**步骤** 1 在直播中状态下的电脑端的中控台中,点击"互动中心"下的"关注小卡"按钮,如图 4-36 所示。

>**步骤** 2 系统自动跳转至新建关注小卡页面,输入主播昵称或店铺名称,点击"搜索"按钮,选择账号信息,点击下方的"立即推送"按钮,即可在直播中推送关注小卡,如图 4-37 所示。

图 4-36 点击"关注小卡"按钮

图 4-37 新建关注小卡页面

主播在设置推送关注小卡时，最好同时以语言引导用户关注，如"关注店铺账号有豪礼相送"、"点击这里关注主播领取优惠券"等。

主播除了设置关注小卡外，还可以设置信息卡、公告等信息，提醒粉丝关注店铺、下单购买商品等。

4.2.5 直播中控台操作——设置公告

公告原指的是政府、团体对重大事件当众正式公布或者公开宣告、宣布。现在的直播平台中多有公告位置，主播可以通过公告将有用、有利的信息传递给粉丝们，最大限度地宣传直播。例如，某淘宝直播间的公告信息主要用于说明"买返红包"的活动，如图4-38所示。

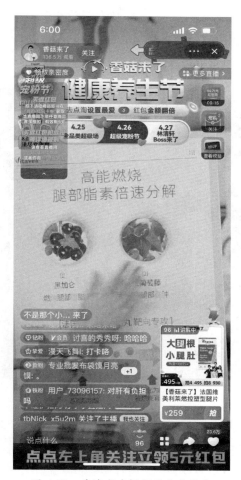

图4-38　某淘宝直播间的公告信息

在直播中控台设置公告的方法如下。

▶ **步骤1**　在直播中状态下的电脑端的中控台中，点击"互动中心"下的"直播间公告"按钮，如图4-39所示。

图 4-39 点击"直播间公告"按钮

◎**步骤2** 系统自动跳转至新建公告页面，填写公告内容，点击右下角的"立即推送"按钮，即可在直播中推送公告信息，如图 4-40 所示。

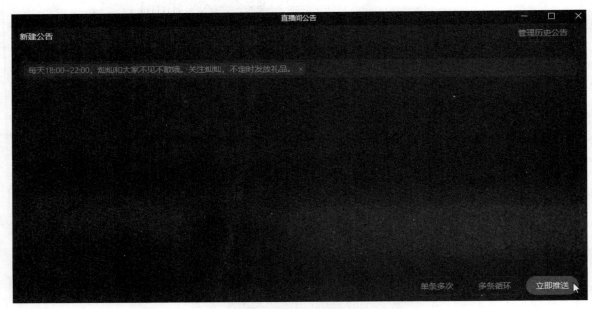

图 4-40 新建公告页面

需要注意的是，公告的字数并不是越多越好，而是贵精不贵多。而且一般的公告有字数限制，例如，淘宝直播的公告限制 70 字。

通过直播中控台还可以完成更多设置，如设置连麦、设置信息卡、设置禁言等。主播可结合实际情况对其进行设置。

项目 四 直播过程实施与控制

任务实训

任务一　手机端添加直播商品

📋 任务描述

张欢欢在一家以淘宝直播为主的电商直播公司实习,担任副播职位,平时需要处理电脑端直播间的商品上下架工作。最近,主管要求张欢欢熟悉手机端添加商品的操作,为后期手机端开播做准备。

📋 任务目标

学生能够根据操作流程指导完成手机端添加直播商品。

📋 任务实施

▶ **步骤1**　打开并登录淘宝直播 App,进入直播中,点击左下角的"宝贝"按钮,如图 4-41 所示。

▶ **步骤2**　系统自动跳转至宝贝口袋页面,由于之前未添加过商品,故这里点击"＋商品"按钮,如图 4-42 所示。

图 4-41　点击"宝贝"按钮　　　　图 4-42　点击"＋商品"按钮

▶ **步骤3**　系统自动跳转至选择商品页面,点击选择商品,如图 4-43 所示。如果之前未创建过商品，可先新建商品信息。

⊙**步骤 4** 系统自动跳转至宝贝口袋页面，可查看之前添加的商品信息，可以点击"开始讲解"按钮或"…"按钮（这里以选择点击"……"按钮为例），弹出更多商品设置选项，如添加券、编辑利益点、爆品置顶、下架等，如图 4-44 所示。

图 4-43　选择商品　　　　图 4-44　商品设置页面

任务二　设置直播间红包

📖 任务描述

小李是 A 电子商务有限公司的一名运营人员，因公司商品有推广需求，需在直播间中创建一个新的红包发放活动来吸引更多粉丝。本次任务是协助小李创建一个新的直播间红包发放计划。

📖 任务目标

学生能够根据操作流程指导完成直播间的红包发放。

📖 任务实施

⊙**步骤 1** 打开并登录淘宝直播 App，进入直播中，点击"商品"按钮，如图 4-45 所示。

⊙**步骤 2** 弹出商品页面，点击"优惠券红包"按钮，如图 4-46 所示。

图 4-45　点击"商品"按钮　　图 4-46　点击"优惠券红包"按钮

⊙ **步骤 3**　弹出优惠券红包页面，点击"选择权益"按钮，如图 4-47 所示。

⊙ **步骤 4**　弹出优惠券和红包页面，点击"红包"按钮，再点击"添加红包"按钮，添加新的红包投放计划，如图 4-48 所示。

图 4-47　点击"选择权益"按钮　图 4-48　点击"添加红包"按钮

▷**步骤5** 弹出添加红包页面，设置红包名称、类型、面额等信息后，点击"确认"按钮，如图 4-49 所示。

▷**步骤6** 返回红包页面，可查看设置好的红包信息，如图 4-50 所示。

图 4-49 点击"确认"按钮　　图 4-50 查看设置好的红包信息

【项目评价】

【项目评价表1——技能点评价】

序号	技能点	达标要求	学生自评		教师评价	
			达标	未达标	达标	未达标
1	掌握开播管理的操作	1. 学生能独立完成电脑端直播间的新建 2. 学生能在电脑端添加直播商品				
2	掌握直播中控台的操作	1. 学生能够通过中控台完成抽奖活动的设置 2. 学生能够通过中控台完成秒杀活动的设置 3. 学生能够通过中控台完成优惠券的设置 4. 学生能够通过中控台完成关注小卡的设置 5. 学生能够通过中控台完成公告的设置				

【项目评价表2——素质点评价】

序号	素质点	达标要求	学生自评		教师评价	
			达标	未达标	达标	未达标
1	洞察能力	1. 具备敏锐的观察力 2. 善于搜集有用的资讯				
2	总结归纳能力	1. 具备较强的分析总结能力 2. 逻辑思维能力强，善于分析相关资料并归纳总结				
3	独立思考能力和创新能力	1. 遇到问题善于思考 2. 具有解决问题和创造新事物的意识 3. 善于提出新观点、新方法				
4	实践能力	1. 具备社会实践能力 2. 具备较强的理解能力，能够掌握相关知识点并完成项目任务				

 思政园地

【思政案例】

《网络直播营销管理办法（试行）》第二十一条规定："直播间运营者、直播营销人员应当依据平台服务协议做好语音和视频连线、评论、弹幕等互动内容的实时管理，不得以删除、屏蔽相关不利评价等方式欺骗、误导用户。"

因此，直播运营人员在进行评论或弹幕处理时，应当遵守上述规定，及时查看粉丝的评论或弹幕并回复，对不正当言论及时处理。

请针对上述规定思考以下问题。

（1）你认为直播间的不利评价应当如何处理？

（2）直播间运营人员在进行评论或弹幕处理时应遵守哪些相关规定？

 课后习题

一、选择题（单选）

（1）淘宝直播的公告限制（　　）字。

    A．40　　　　B．50　　　　C．60　　　　D．70

（2）有利于提高直播间转化率的活动是（　　）。

　　　A. 秒杀　　　B. 抽奖　　　C. 优惠券　　　D. 公告

二、选择题（多选）

（1）秒杀类活动主要就是通过（　　）的方式，引导粉丝积极购物。

　　　A. 限时　　　B. 限门槛　　　C. 限量　　　D. 限用户

（2）以下选项中，属于抽奖类活动的是（　　）。

　　　A. 问答式抽奖　　　　　　B. 开播福利抽奖

　　　C. 整点抽奖　　　　　　　D. 动态点赞抽奖

（3）主播可在中控台中设置（　　）。

　　　A. 优惠券　　　B. 抽奖活动　　　C. 秒杀活动　　　D. 公告

三、判断题

（1）主播可以在发布预告或建立直播时添加商品，也可以在开播前或开播过程中再添加商品。（　　）

（2）主播可在直播中控台的互动中心中设置抽奖活动。（　　）

（3）直播间的关注小卡主要是引导用户关注主播。（　　）

（4）淘宝直播只有电脑端才能添加商品。（　　）

四、简答题

（1）简述电脑直播的优势。

（2）简述抽奖活动的作用。

项目五

直播间推广引流

【项目导入】

为了提高直播间的人气和销量，主播需掌握一些推广引流的方法。而且在使用推广引流方法之前，需要先熟悉各个平台的直播间流量入口及流量特点，再有针对性地对直播间进行优化。这章整理了热门直播平台抖音和淘宝的流量入口，以及介绍直播间的推广引流方法与技巧。

【学习目标】

知识目标

（1）学生能够说出抖音直播频道的流量入口。

（2）学生能够说出抖音推荐频道的流量入口。

（3）学生能够说出抖音购物频道的流量入口。

（4）学生能够说出抖音关注频道的流量入口。

（5）学生能够说出抖音搜索结果的流量入口。

（6）学生能够说出抖音直播榜的流量入口。

（7）学生能说出手机淘宝首页的直播流量入口。

（8）学生能说出手机淘宝猜你喜欢的直播流量入口。

（9）学生能说出手机淘宝逛逛的直播流量入口。

（10）学生能说出店铺首页和商品详情页的直播流量入口。

（11）学生能说出账号昵称引流方法。

（12）学生能说出短视频引流方法。

（13）学生能说出付费推广引流方法。

（14）学生能说出连麦引流方法。
（15）学生能说出策划活动引流方法。
（16）学生能说出多平台引流方法。

能力目标

（1）学生能够通过直播频道、推荐频道、购物频道等入口进入抖音直播间。
（2）学生能够通过手机淘宝首页、猜你喜欢、逛逛等入口进入淘宝直播间。
（3）学生能够根据操作流程完成账号昵称修改。

素质目标

（1）学生具有敏锐的洞察能力。
（2）学生具备总结归纳能力。
（3）学生具备独立思考能力。
（4）学生具备较强的实践能力。

课前导学

5.1 抖音直播间流量入口构成分析

抖音作为一款热门直播、短视频平台，其直播间流量入口是多样化的。一个直播间想获得更多流量，需要先认识这些流量入口。抖音常见的直播间流量入口主要包括直播推荐、购物、关注等频道，以及直播榜等。

5.1.1 直播频道

抖音 App 有多个频道，常见的如推荐、购物、关注、经验以及城市。除了这些频道外，抖音还有如直播、热点、学习等频道，想要打开这些频道，需要在最左侧的频道下进行选择。例如，某用户抖音 App 最左侧显示的是城市信息，点击城市，页面会弹出"直播""热点""学习"等板块，如图 5-1 所示。用户点击"直播"按钮，即可切换到直播频道，看到系统推荐的直播间信息，如图 5-2 所示。

图 5-1　点击城市（成都）　　图 5-2　切换到直播频道

直播频道展示的直播间多以用户平时常看或感兴趣的为主，也有少部分特别热门的直播间。

5.1.2　推荐频道

抖音 App 的"推荐"页面不仅会推送一些视频，还会推送直播间。如图 5-3 所示，抖音用户在浏览"推荐"板块的视频时，会刷到一些直播间。

图 5-3　推荐板块的直播间信息

抖音推荐页面的视频和直播都是根据系统千人千面计算后进行推送的。以上述男装直播间为例，用户之所以能得到系统的推送，是因为平时浏览了与男装相关的内容。

5.1.3 购物频道

抖音的"购物"频道不仅可以查看用户自己的订单信息，还有很多利于用户转化的内容，如品牌馆、低价秒杀、直播精选等，如图5-4所示。用户可点击"直播精选"进入更多直播页面。

通过购物频道进入的直播间页面又包括"关注""直播精选"以及"带货榜"等板块。关注板块主要展示的是用户已关注并且正在直播的账号，如图5-5所示。这部分流量属于私域流量，需要以用户关注为前提。

图5-4 购物频道页面　　图5-5 关注板块的直播间

直播精选页面展示的直播间，则是用户平时感兴趣的直播内容或热门直播内容。例如，某用户平时关注母婴方面的内容较多，故直播精选推送的直播间多是育儿、婴儿洗护、婴儿纸巾等直播间与热门直播间，如图5-6所示。

带货榜的直播间则是系统根据实时带货情况得出的带货榜排名情况，带货越多的直播间排名越靠前，如图5-7所示。

图 5-6 直播精选推送的直播间　　图 5-7 带货榜

5.1.4 关注频道

关注频道与购物频道里的"关注"板块类似,都是抖音用户平时已关注并且正在直播的账号,如图 5-8 所示。通过这个渠道进入直播间的前提是关注账号,因此在平时的账号运营中就要注重引导用户关注,否则用户无法通过该渠道进入直播间。

图 5-8　通过"关注"版块进入直播间

5.1.5 搜索结果

抖音平台用户也可以通过搜索关键词，选择"直播"选项，查看与之相关的直播间。例如，在抖音搜索框中输入"连衣裙"，选择"直播"选项，即可查看与连衣裙相关的直播间信息，如图5-9所示。

图5-9 通过搜索结果进入直播间

5.1.6 直播榜

抖音平台提供多个榜数据，如"同城榜""直播榜""音乐榜"等。用户可以通过"直播榜"查看实时人气直播间，如图5-10所示。通过该榜，可以进入感兴趣的直播间。

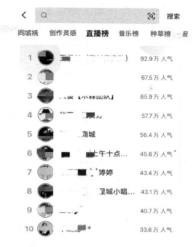

图 5-10 直播榜

综上所述,抖音直播间流量入口呈多样化,其中不乏需要私域流量的关注频道,以及需要优质数据支撑的带货榜和直播榜等。直播间想获得流量,可从多方面入手,如多引导用户关注账号、提升直播间带货数据、提升直播间人气等。

5.2 淘宝直播间流量入口构成分析

主播想获得更多平台流量,必须认识这些流量入口。以淘宝直播为例,直播流量入口主要集中在手机淘宝首页,以及猜你喜欢、逛逛、店铺首页等地方。

5.2.1 手机淘宝首页

打开手机淘宝,可在首页中看到如"百亿补贴""淘宝直播""聚划算""有好货"等板块,如图 5-11 所示。淘宝用户点击"淘宝直播"按钮,即可进入淘宝直播页面。

图 5-11 手淘首页的淘宝直播展位

这里的入口实际上是整个淘宝直播的入口，无论是点击"淘宝直播"按钮或下面的产品封面图，都只能进到淘宝直播页面，而非某个特定的直播间。手机淘宝首页"淘宝直播"频道的流量入口主要包含如图5-12所示的5大位置。

图5-12　手机淘宝首页流量入口

1. 关注展位

淘宝直播的关注展位，展现粉丝已经关注了的主播。例如，粉丝小李关注了甲乙丙丁4个主播，当她打开淘宝直播的"关注"版块时，恰好这4个主播正在直播，那这些主播的直播间就会以主播动态的形式展现在粉丝眼前，如图5-13所示。该展位流量属于私域流量，在粉丝关注主播的前提下，该主播才能获得这部分流量。

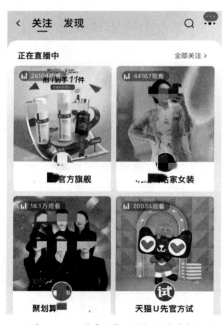

图5-13　"关注"版块下的直播

2. 直播精选

直播精选指优质的淘宝直播内容。系统筛选出内容丰富、互动性强的直播间，进行优先展示。用户进入淘宝直播的"发现"首页，就是直播精选页面，如图 5-14 所示。想出现在这里的直播间，要么努力提升直播质量，要么付费推广。满足展现条件的直播间，将自动被系统展现在该展现位。

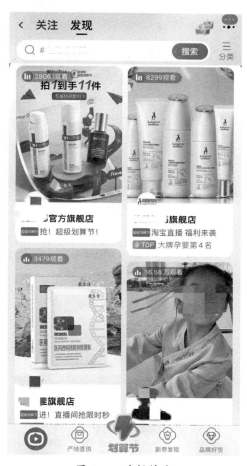

图 5-14　直播精选

主播具体应该如何做才能得到直播精选展位的流量呢？方法如下。

- 固定直播主题，如美妆、穿搭等受众面较广的主题，并围绕主题生产直播内容。
- 封面美观、有吸引力，且与标题相呼应，能吸引粉丝点击。
- 选择优质产品直播，避免劣质产品得罪粉丝，影响主播口碑。
- 提前设计好直播脚本，做好与粉丝的互动工作，保持直播间的热闹氛围。
- 发布直播预告，让粉丝和系统大致知道直播内容，以此提升直播间人气。

总体而言，主播想获得精选展位，必须从直播内容入手，让系统和粉丝都判断出该直播间质量好，可以上精选被更多粉丝看到。

3. 分类标签

分类标签指在开启直播前选择的栏目，如美食、穿搭、美妆、鲜花等。用户在进入直播频道后，可能会根据栏目标签查找直播间，如时髦穿搭、一起变美、亲子萌娃等，如图 5-15 所示。

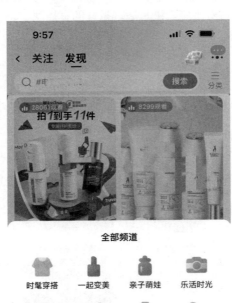

图 5-15 分类标签

每个栏目标签都有流量，只是流量有多有少，竞争有强有弱而已。主播可以通过丰富直播内容、加大直播间互动来获得好排名，展现在栏目标签下。

4. 搜索展位

当粉丝在搜索框输入商品名称或主播名称时，直播间有机会展现在搜索结果中。当用户搜索"连衣裙"后，搜索结果页面中会展示与之相关的直播间，如图 5-16 所示。这部分展位的流量属于公域流量，只要在粉丝搜索商品关键词时，自己的昵称或直播内容与之相关，就有展现的机会。

图 5-16　与"连衣裙"相关的直播间

5. 主题活动标签

淘宝直播平台会发起不同的活动,如果主播报名了活动并在直播中,将有机会展现在活动页面。图 5-17 为淘宝直播发起的"划算节 城市出行日"活动。

图 5-17　"划算节 城市出行日"活动

点击活动页面，即可跳转至活动详情页面，报名参加了活动的直播间有机会展现在该页面中，如图 5-18 所示。

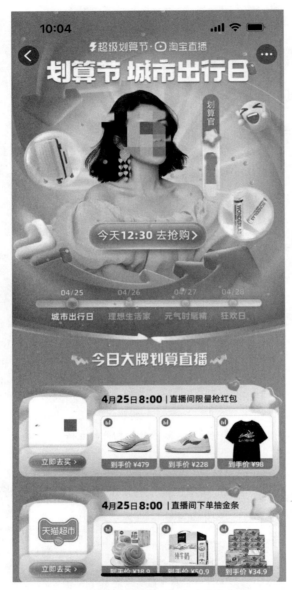

图 5-18　活动详情页及部分直播间信息

在以上 5 个直播流量入口中，既有公域流量也有私域流量。如关注展位属于典型的私域流量，而直播精选、主题活动标签等就属于典型的公域流量。主播可从公域流量入手，设计出美观的封面图和切合主题的标题，吸引更多粉丝点击进入直播间，并主动引导粉丝关注、互动，从而让系统识别出直播间人气旺、内容丰富，愿意给更多展现机会。

5.2.2 手机淘宝猜你喜欢

"猜你喜欢"是淘宝的推广方式,当用户浏览、购买了一件商品后,系统会根据用户的浏览痕迹以及下单的情况来推荐商品。猜你喜欢展现在手淘首页的一个显眼位置,如图 5-19 所示。

图 5-19 穿插在猜你喜欢中的直播间

该展现位的流量比较集中,也比较精准,是很多主播的必争之地。主播可使用淘宝的营销工具——超级推荐得到该展位。

如果主播不愿意付费推广得到该展位的流量,也可以通过优化直播内容来被更多人关注。因为该展位的直播流量还可通过淘宝系统的千人千面功能向用户推送用户浏览过或感兴趣的直播间。

5.2.3 手机淘宝逛逛

逛逛是手淘的重要板块，其定位是便于手机端用户购物服务。逛逛是一个社区化的营销方式，商家可用逛逛来实现导购、销售、互动。逛逛属于典型的内容运营，商家可在逛逛中发布文字、图片、视频、直播等内容，来吸引用户的关注和互动。

逛逛内容涵盖关注、发现、视频，进入"关注"页面，可以看到已关注账号的直播信息，如图5-20所示。

图 5-20 逛逛"关注"页面

在逛逛中，"关注"入口流量属于私域流量，需要粉丝关注了商家或主播，才能看到对应的逛逛内容。因此，主播要想得到这个入口的流量，平时就需要多引导用户关注直播间。

5.2.4 店铺首页和商品详情页

当某个商品或店铺正在直播时，直播间信息还会展现在店铺首页以及商品详情页里，如图5-21

和图 5-22 所示，便于用户通过直播形式来更直观地查看商品属性。

图 5-21　店铺首页的直播页面　　图 5-22　商品详情页的直播页面

这部分展位的流量属于私域流量，需要粉丝进入店铺或商品详情页才能看到直播信息。主播可在开播时选择同步到店铺首页或商品详情页。

综上所述，主播应该更多从公域流量展位入手，不断优化直播内容，获得系统的青睐，从而愿意给予更多展现机会。

5.3　直播间推广引流方法与技巧

在熟悉了抖音直播和淘宝直播的流量入口后，需要进一步了解直播间推广引流的方法与技巧。这些方法与技巧适用性广而且效果好，如账号昵称引流、短视频引流、付费推广引流、连麦引流等。

5.3.1　账号昵称引流

无论是在抖音直播还是淘宝直播平台都可以通过搜索关键词来查找直播间，换言之，好的账号昵称更有利于自己被搜索到，从而获得更多流量。

很多用户在看一个账户时，往往从留意账户名字开始，因为账户名字在一定程度上反映了一个账户的身份。例如，从"老吴聊育儿"这一账户名称可见，该账户可能是一个育儿类账户，如图 5-23 所示。所以，一个账户的身份角色定位，一般也是从账户取名开始，通过设置一个符合身份角色的名字，让用户一看名字就能大致猜想到账户内容。

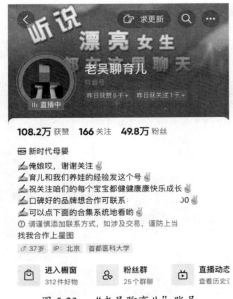

图 5-23 "老吴聊育儿"账号

而且昵称中含有用户常搜的关键词或能体现某方面专业的关键词，更有利于用户搜索和账号展现。例如，用户在搜索"育儿"这一关键词时，昵称中含有"育儿"的直播间更容易得到展现，如图 5-24 所示。

图 5-24 "育儿"搜索结果展现的直播间

由此可见，账户昵称既是身份角色定位中的重要因素，也是使直播间获得更多展现和流量的关键因素，故最好能设置一个优质的昵称。

5.3.2 短视频引流

无论在哪个直播平台，都可以发布短视频来为直播引流。特别是在抖音、快手等以短视频为主的平台中，短视频引流更加常见。例如，某主播在快手平台发布了一条关于服装上新及直播信息的视频内容，如图5-25所示。虽然该条视频数据平平，但在0点后（视频文案中提及的直播时间）进入该直播间，可以看到在线1400多人，人气还是不错的，如图5-26所示。

图 5-25 短视频截图

图 5-26 直播截图

由此可见，主播除了可以通过发布直播预告的视频内容外，还可以发布一些与直播相关的视频内容。只要视频制作精美且能引发用户的兴趣，自然能为直播间带来更多流量。在策划短视频为直播引流时，需注意如下几点。

- 明确直播主题：在短视频内容中说明某场直播的主题，如产品上新、库存秒杀等，以此吸引更多精准用户进入直播间。
- 明确直播时间：短视频内容或文案中要点明直播时间，越具体越好，如4月28日

20:00~24:00。

- 点明直播价值：想吸引更多用户来直播间，就必须点明这场直播能为其带来什么价值，如抽取免单、半价购买等。
- 合理安排发布时间：短视频引流的时间也很重要，过早发布容易被用户遗忘；而过晚发布被用户看到的概率又很小。建议在直播前一天或直播当天发布短视频。

5.3.3 付费推广引流

主播还可以通过付费新建推广计划为直播间引流。目前，多个直播平台都支持付费推广，如抖音直播可根据自己的需求发出推广计划，吸引更多粉丝进入直播间或吸引更多人关注等，如图 5-27 所示。

图 5-27 抖音创建推广计划页面

相比抖音，快手的直播付费推广、淘宝付费推广更为复杂，也更为精准，并有多种玩法供主播选择。

5.3.4 连麦引流

连麦指同一平台用户与正在直播的主播连线通话。连麦在直播中很常见，特别是在一些泛娱乐的直播间中尤为常见。图 5-28 为快手平台的两个主播连麦截图。

图 5-28 快手平台的两个主播连麦截图

在直播电商中,有相似用户的两个主播可以通过连麦来引流。例如,主播小 A 所在的直播间主营产品是女装,目标用户多以女性为主,为使直播间获得更多流量,她可主动发起与主营鞋包的直播间连麦。因为她们的目标用户高度相似,且不冲突,二者连麦合作有机会带来更多销量。

5.3.5 策划活动引流

主播想提升直播间的各项数据,少不了举办各式各样的营销活动。活动的作用主要体现在如图 5-29 所示的 3 方面。

图 5-29 活动的作用

1. 吸引粉丝积极参与

一个好的活动可以调动粉丝的积极性,吸引新老粉丝参与到活动中来。主播只有吸引更多粉丝,产品信息或直播间信息才能得到宣传。例如,很多直播间在活动环节,是粉丝积极性最高的时刻。所以,活动能吸引粉丝积极参与。

2. 提高直播间的展现量和转化率

部分主播策划活动,不仅仅是为了售卖产品,还为了提高直播间展现量。当粉丝熟悉、认可直播间后,会慢慢地建立信任背书,从而更愿意购买直播间的产品。例如,很多人都知道李佳琦的直播间会售卖热门美妆产品,当自己有美妆方面的需求,会主动点击进入李佳琦的直播间,从而提高直播间的展现量。

同时,大部分成功的活动,都能为产品或直播间带来不少流量。如果活动中的产品又比较有吸引力,那直播间的转化率也会很不错。

3. 有利于新品销售及处理库存品

通常,粉丝对新品有一种抗拒心理,不愿意冒风险去尝试新品,所以处于上新阶段的产品,没有基础销量和评价,很难展开销售局面。如果主办方能在产品上新时,策划活动激励粉丝下单,降低粉丝初次消费成本,可促使粉丝购买新品。

另外,很多主办方都会面临库存积压的问题。积压的产品如果不及时处理,则可能影响主办的资金流转。针对这种情况,可利用促销活动来处理库存积压产品。

由此可见,策划直播间活动可谓是百利而无一害,主播可根据直播间的实际情况,来策划更多活动。

5.3.6 多平台引流

直播间引流的方式多种多样,且不仅限于一个平台。如果想扩大引流效果,可以尝试在多平台发布内容来为直播间引流,如目前较为火热的微信、微博等。

1. 微信引流

微信有着用户数量庞大的优点,适合主播推广自己、推广商品。微信推广主要体现在微信朋友圈推广、微信群推广以及微信公众号推广等方面。由于微信是个封闭的圈子,在推广之前需有一定数量的好友。

(1)微信朋友圈推广。

主播可以通过微信朋友圈,将信息传达给所有好友。经营好朋友圈,可以吸引更多用户关注直播,进入直播间,增加人气。建议主播在发布朋友圈内容时,采取图片+文字,视频+文字的形式,避免显得单一。例如,电商讲师在朋友圈发布直播预告时,采取视频+文字的方式,如图5-30所示。

图 5-30 视频+文字的朋友圈内容

除了与直播相关的内容外,主播还可以在朋友圈分享趣事、励志文字等内容,引发好友点赞、评论。例如,娱乐类主播在朋友圈分享自己练瑜伽的视频,并加上励志的文案,塑造一个积极、乐观的主播形象。

(2)微信群推广。

主播在积累了大量微信好友后,可以用微信群来维护好友,既能减少好友数量的流失,还可以在群内进行自我推广。考虑到主播没有时间群聊,可以招募几个忠实粉丝来维护微信群秩序,自己偶尔来群内发言,与粉丝互动。在直播前,在群内发布直播预告信息。

在经营好自己微信群的前提下,主播还可以考虑加入主播好友的微信群,吸引更多人来添加好友。

(3)微信公众号推广。

主播在积攒了一定的人气之后可以通过自媒体来变现和推广。主播如果做好了公众号,能积累更多粉丝,还可以通过广告或合作赚取更多佣金。微信公众号可以一次性把消息推送给所有关注者。例如,某知名主播就用微信公众号来发布直播预告,如图 5-31 所示。

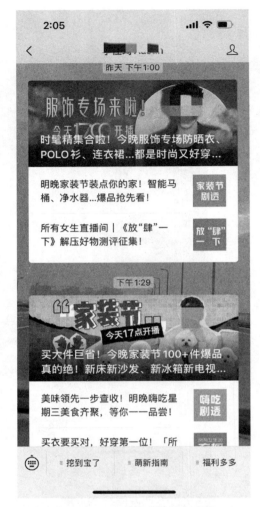

图 5-31 用公众号发布直播预告

2. 微博引流

微博是博客的一种,是微型博客的简称,如新浪微博、腾讯微博等。微博是一种通过关注机制分享简短实时信息的广播式的社交网络平台。作为一个分享和交流信息的平台,微博注重时效性和随意性,能表达用户每时每刻的心情和动态。

微博作为一个活跃用户数亿的社交网络平台,又有着热门搜索、热门话题等属性,是推广直播间的好去处。例如,某知名主播就在新浪微博发布了关于直播间的信息,其目的就是吸引更多用户进入直播间观看直播,如图 5-32 所示。

图 5-32 在新浪微博发布抖音直播间相关内容

新手主播微博粉丝可能比较少，除了发布带有热门话题标签的内容外，还可以主动评论热门微博，从而加大自己的曝光量。同时，微博还有着传播快、热度高等特点，特别适合策划活动。微博活动优点如下。

- 操作简单：相比拍摄短视频内容和写长篇软文，微博活动只需要经过简单构思，用通俗易懂的语言发布活动信息即可。
- 互动性强：通过微博活动，可以即时与粉丝沟通、交流，也可以直观地看出活动的转发、评论、点赞等数据。
- 成本较低：与高投入的传统营销活动相比，微博活动的成本相对较低。而且，可直接用合作商提供的商品作为奖品，既提高商品曝光率，又能为粉丝提供福利，增强粉丝的黏性。

微博中常见的活动方式包含有奖转发、有奖征集、测试类游戏、寻找神评论、抽取幸运儿等。

任务实训

任 务 修改抖音昵称

📋 任务描述

小王是 A 公司的一名运营专员，在公司要新开账号直播之际，他想通过修改新账号昵称来为直播间引流。本次任务将通过修改抖音账号昵称来起到引流的目的。

📋 任务目标

学生能够根据操作流程指导完成修改抖音昵称。

📋 任务实施

▶步骤1 打开并登录抖音 App 账号，进入"我"页面，可以看到账号昵称、头像等信息，点击"编辑资料"按钮，如图 5-33 所示。

▶步骤2 系统跳转至编辑资料页面，删除"名字"后面的内容，如图 5-34 所示。

图 5-33　点击"编辑资料"按钮

图 5-34　删除"名字"后面的内容

▶步骤3 进入修改名字页面，输入新的昵称（这里以输入"小李聊育儿"为例），点击"保存"按钮，如图 5-35 所示。

▶步骤4 返回"我"页面，可以看到已修改好的昵称信息，如图 5-36 所示。

图 5-35　点击"保存"按钮　　图 5-36　已修改好的昵称信息

【项目评价】

【项目评价表 1——技能点评价】

序号	技能点	达标要求	学生自评		教师评价	
			达标	未达标	达标	未达标
1	掌握抖音直播间流量入口	1. 学生能够说出抖音直播频道的流量入口 2. 学生能够说出抖音推荐频道的流量入口 3. 学生能够说出抖音购物频道的流量入口 4. 学生能够说出抖音关注频道的流量入口 5. 学生能够说出抖音搜索结果的流量入口 6. 学生能够说出抖音直播榜的流量入口				
2	掌握淘宝直播间流量入口	1. 学生能说出手机淘宝首页的直播流量入口 2. 学生能说出手机淘宝猜你喜欢的直播流量入口 3. 学生能说出手机淘宝逛逛的直播流量入口 4. 学生能说出店铺首页和商品详情页的直播流量入口				
3	掌握直播间推广引流方法与技巧	1. 学生能说出账号昵称引流方法并能上手操作修改昵称 2. 学生能说出短视频引流方法 3. 学生能说出付费推广引流方法 4. 学生能说出连麦引流方法 5. 学生能说出策划活动引流方法 6. 学生能说出多平台引流方法				

【项目评价表 2——素质点评价】

序号	素质点	达标要求	学生自评		教师评价	
			达标	未达标	达标	未达标
1	洞察能力	1. 具备敏锐的观察力 2. 善于搜集有用的资讯				
2	总结归纳能力	1. 具备较强的分析总结能力 2. 逻辑思维能力强,善于分析相关资料并归纳总结				
3	独立思考能力和创新能力	1. 遇到问题善于思考 2. 具有解决问题和创造新事物的意识 3. 善于提出新观点、新方法				
4	实践能力	1. 具备社会实践能力 2. 具备较强的理解能力,能够掌握相关知识点并完成项目任务				

 思政园地

【思政案例】

"东方甄选"是新东方推出的直播带货新平台,2021年12月28日首播,账号粉丝从0到90万,用了半年时间。截至2023年6月,东方甄选已经在抖音平台收获了3000多万粉丝。粉丝量的急剧增长意味着人气和销量的剧增。据蝉妈妈数据,东方甄选在2022年6月18日当天的直播销售额达到6462.4万元。且在后续粉丝的不断增长中,东方甄选已经连续多月位列抖音带货榜冠军位置。

东方甄选之所以有如此成绩,原因是多方面的,如双语知识带货形式、对新东方情感的投射以及国家扶持乡村振兴的方针等。其中,最重要的是双语知识带货,放眼整个直播间,这种直播场景都是独一无二的。直播间能说会道的双语主播在介绍产品时与其他主播卖力叫卖形成强烈对比,也正因如此,东方甄选有着独特竞争力。

请针对上述案例思考以下问题。

(1)你对东方甄选转战直播且取得优异成绩有什么看法?

(2)网络直播带货已经成为一种新时尚,企业想进军直播行业应该如何增强自身竞争力获得更多流量?

课后习题

一、选择题（单选）

（1）下列选项中，属于私域流量的是（　　）。

　　A.关注展位　　　　　B.主题活动标签　　　　　C.直播榜　　　　　D.分类标签

（2）策划活动引流的作用不包括（　　）。

　　A.吸引用户买货　　　　　　　　　　　　　　B.吸引粉丝积极参与

　　C.提高直播间的展现量　　　　　　　　　　　D.提高直播间的转化率

二、选择题（多选）

（1）下列选项中，属于抖音直播间流量入口的是（　　）。

　　A.关注频道　　　　　B.直播频道　　　　　C.推荐频道　　　　　D.直播榜

（2）下列选项中，属于淘宝直播间流量入口的是（　　）。

　　A.手机淘宝首页　　　　　　　　　　　　　　B.手机淘宝逛逛

　　C.店铺首页　　　　　　　　　　　　　　　　D.手机淘宝猜你喜欢

（3）下列选项中，属于多平台引流的是（　　）。

　　A.微博引流　　　　　B.付费推广引流　　　　　C.连麦引流　　　　　D.微信朋友圈引流

三、判断题

（1）用户需要关注直播账号，才能通过"关注频道"进入直播间。（　　）

（2）只要直播间销售额高，就有机会进入"直播精选"频道。（　　）

（3）抖音平台提供多个榜数据，如"同城榜""直播榜""音乐榜"等。（　　）

（4）微信朋友圈也可以为直播间引流。（　　）

四、简答题

（1）淘宝直播间的流量入口有哪些？

（2）为什么微博可以用来为直播间引流？

项目六

直播数据分析与复盘

【项目导入】

数据分析是直播运营中的关键环节，因为任何一种营销方法都有数据支撑，直播电商营销也不例外。一个直播间如果只浅显地查看每日收入，而不去分析具体数据，是很难长久运营下去的。因为每个数据背后都有价值，部分数据直接披露了问题，主播只有找到这些问题并解决问题，才能减少类似问题的发生，让直播间处于正向、积极的运营状态。大家应该掌握直播数据分析思路、指标等内容，并能动手获取直播数据，对其进行分析、优化。

【学习目标】

知识目标

（1）学生能够说出直播数据分析的思路。

（2）学生能够说出直播数据分析的常用工具。

（3）学生能够说出直播数据分析的常用方法。

（4）学生能够说出直播数据分析的常用指标。

（5）学生能总结直播的要点。

（6）学生能说出制定直播优化方案的要点。

能力目标

（1）学生能够根据步骤引导从直播后台获取直播数据。

（2）学生能够根据步骤引导从飞瓜数据获取直播数据。

（3）学生能够根据步骤引导从蝉妈妈后台获取直播数据。

（4）学生能够对直播数据进行简单分析总结。

素质目标

（1）学生具有敏锐的洞察能力。
（2）学生具备总结归纳能力。
（3）学生具备独立思考能力。
（4）学生具备较强的实践能力。

课前导学

6.1 直播数据分析思路与常用指标

想要优化一个直播间的运营效果及带货转化率，必须学会数据分析。因为只有通过数据分析才能发现问题，并给出恰当的解决方案。在开始数据分析之前，需要了解直播数据分析思路与常用直播等内容。

6.1.1 直播数据分析思路

直播数据分析是一个循序渐进的过程，并非直接看几项数据就能简单地下定论。直播间数据分析的基本思路如图 6-1 所示，分为四大步。

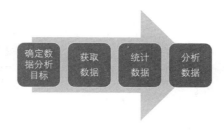

图 6-1 直播数据分析思路

1. 确定数据分析目标

目标决定内容，故在数据分析的第一步，就是确定数据分析目标。常见的数据分析目标如下。

- 深挖直播间数据波动的原因，例如，数据上升或下降的具体原因。
- 提升直播效果，通过直播数据分析，有理有据地优化直播内容，从而提升直播效果。
- 优化直播内容，通过数据规律、平台算法及用户喜好，有针对性地优化直播内容，提高直播间的各项数据。

2. 获取数据

目前常见的获取数据渠道包括账号后台、飞瓜数据、蝉妈妈等。后续内容中将为大家详细介绍这些获取数据的渠道。

3. 统计数据

将获取的数据进行统计、分类,其目的是方便分析数据。例如,将两场直播的重要数据统计在Excel中,进行统计、分类。

4. 分析数据

在完成前三步后,接下来需要完成分析数据的工作。分析数据需要用到一些方法,如对比分析法、特殊事件分析法等。

6.1.2 直播数据常用分析工具

数据获取是数据分析的前提,很多工具都提供有数据,如账号后台、飞瓜数据、蝉妈妈等。

1. 账号后台

主播可通过直播平台查看直播数据,如淘宝直播推出新版主播实时数据(即网页版"智能数据助理")工具,供主播或商家查看数据。

正在进行中的直播,主播可通过PC直播中控台查看直播数据,如图6-2所示。

图 6-2 直播中控台首页

点击直播中控台首页中的选项,即可进入淘宝直播的"数据大屏"页面,查看实时的直播数据,如在线人数、直播成交金额等数据,如图6-3所示。

主播也可在直播结束后,打开PC直播中控台,选择"直播"→"直播管理"选项,在直播列表中,点击某场直播后面的"直播详情"按钮,查看该场直播的详细数据,如图6-4所示。

图 6-3 直播中的数据

图 6-4 查看直播历史数据

无论在哪个平台直播,主播都可以通过直播平台后台或者借助辅助工具查看直播数据,及时收集、分析、对比数据,主动发现自己在直播中存在的问题,并及时改进。

2. 飞瓜数据

飞瓜数据是一款短视频及直播数据查询的专业工具,为商家、达人、品牌方提供多维度的抖音、快手达人榜单排名、电商数据、直播推广等实用功能。借用飞瓜数据查看直播数据的步骤如下。

▷ **第1步** 打开飞瓜数据网站,登录账号,点击"直播"按钮,如图 6-5 所示。

图 6-5 点击"直播"按钮

▷ **第2步** 跳转至直播页面,输入关键词或根据条件查找直播间,如图 6-6 所示。

图 6-6 查找直播间

> **第3步** 点击选择一个直播间,系统自动跳转至数据页面,在直播列表中可看到该直播间的直播销售额数据,如图 6-7 所示。

图 6-7 查看直播间销售额数据

> **第4步** 点击选择任意一场直播,系统自动跳转至直播详情页面,在数据概率页面中可查看该场直播的人气数据、带货数据以及直播趋势等,如图 6-8 所示。

图 6-8 单场直播的数据概率页面

◎**第5步** 如果想查看更多数据（如观众数据），可将页面切换到"观众画像"页面中，查看本场直播的观众分析，如观众的性别分布、年龄分布和地域分布等。图6-9为某场直播的性别分布、年龄分布和地域分布。

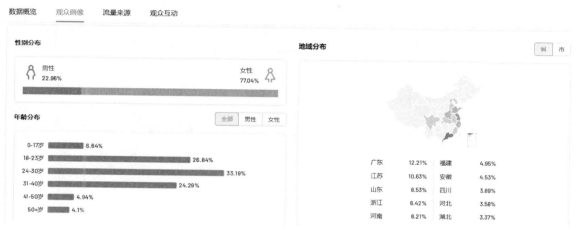

图6-9 某场直播的性别分布、年龄分布和地域分布

◎**第6步** 如果想查看更多数据（如互动数据），可切换到"观众互动"页面中，查看本场直播的弹幕词云以及商品相关弹幕等数据，如图6-10所示。

图6-10 某场直播的弹幕词云以及弹幕商品需求

综上所述，通过飞瓜数据可查看直播间的各项数据，如直播销售额、人气数据、带货数据、用户画像数据、直播互动数据等。

3. 蝉妈妈

蝉妈妈是一款国内知名的数据分析服务平台，致力于通过大数据帮助大家实现精准营销。蝉妈妈支持找达人、找爆品、找直播间、找素材、找品牌/小店等功能。借用蝉妈妈查看直播数据的步骤如下。

◎**第1步** 打开蝉妈妈网站，登录账号，点击"直播"选项下的"直播库"按钮，如图6-11所示。

图 6-11　点击"直播库"按钮

>**第2步**　系统自动跳转，根据条件搜索直播间，可看到多个直播间数据，如达人、开播时间、直播时长、人气峰值、观看人次、商品数、销售额、销量等，如图 6-12 所示。

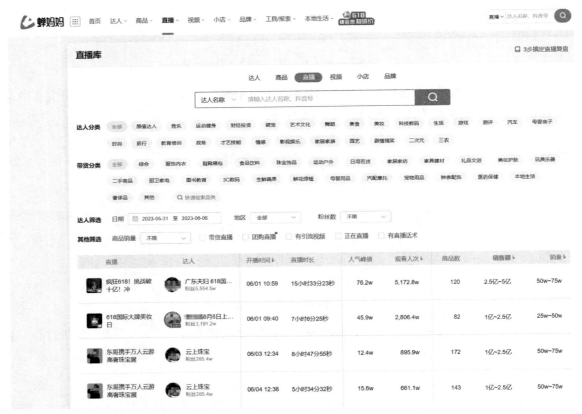

图 6-12　"直播库"页面

>**第3步**　点击进入某一直播间，可查看直播间人气数据和带货数据，如图 6-13 所示。

项目六 直播数据分析与复盘

图 6-13　直播间数据

主播除了查看人气数据和带货数据以外，还可以进行流量分析、商品分析、观众分析，并对该场直播进行诊断。

6.1.3　直播数据分析常用方法

在进行直播数据分析的过程中，需要掌握一些科学的数据分析方法，这样才能更加全面、精准地分析数据。常见的直播数据分析方法如对比分析法、细分分析法、特殊事件分析法等。

1. 对比分析法

对比分析法是指将两个或两个以上相关联的数据指标进行比较，通过比对的形式来体现它们之间的差异，以此来了解数据内部规律的一种分析方法。对比分析法最大的特点在于可以精准、量化地展示出对比数据之间所存在的差异。

例如，某主播分别在两个直播平台进行同一主题的营销活动，经过对比两场直播的商品销售量，可以直观地看到，A 平台的商品销售量远远高于 B 平台，如图 6-14 所示。

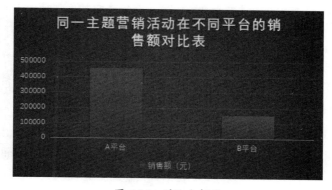

图 6-14　对比分析法

在直播数据分析中，可以针对不同时期的数据、竞争对手或行业的数据、优化前后数据以及活动前后数据进行对比分析。

（1）不同时期之间的对比。

在做数据透视表的时候，环比增长率和同比增长率就是使用两个不同时期的数据指标在进行对比。例如，用当前数据和历史数据进行对比分析，通过结果了解直播间现阶段的运营状况。

（2）与竞争对手或者行业对比。

用自身的数据和竞争对手或者行业大盘的数据进行比较，可以了解到直播间目前在行业中处于一个什么位置，是否还需要进一步优化和提升。例如，通过和竞争对手比较看出直播间最大的问题在于转化率太低，这时就应该进一步分析为什么直播间的转化率不如竞争对手，进而想办法提高转化率。

（3）优化前后的对比。

为实现直播间的经营目标会进行许多优化调整，比如调整直播时间、调整商品布局等。如果不进行优化前后的对比分析，往往很难知道所做的调整是否得当、优化效果是否明显，所以在进行优化调整后，需要将优化前后的数据进行对比分析，以便及时了解优化的效果。

2. **细分分析法**

细分分析法是指按照一定的参考标准，将整体数据细分为若干个数据，再进行内部分析与统计的一种分析方法。

在进行数据分析时，根据不同的维度对数据进行细分，在细分的过程中找出具有代表性的核心数据进行深入分析，从而得到更精准的数据分析结果。例如，主播可以从以下几个维度对数据进行细分。

- 区域：从区域的维度对数据进行细分，比如针对观众集中区域进行人群属性的细分，可以快速、精准地获取主要观众群体相关信息。
- 时间：从时间的维度对数据进行细分，不同时间段会呈现出不同的数据，比如根据数据分析观众每天观看直播的高峰时间段。
- 渠道：从渠道的维度对数据进行细分，比如在分析成交转化率时，从自主访问、付费推广、老用户推荐等不同渠道所产生的成交转化率肯定是不一样的，可以针对不同渠道的用户制定不同的营销方案。
- 用户：从用户的维度对数据进行细分，不同的用户群体，他们的需求和属性是完全不同的。
- 行业：从行业的维度对数据进行细分，要想深入地研究某一细分领域的核心数据，就需要对行业进行细分。

细分分析法是一个比较复杂的过程，需要根据不同的切入点进行分类，而不同的切入点则可能会产生不同的细分结果。所以，使用细分分析法时需要把握好切入点，以最佳切入点来进行细分，才能得到比较精准的数据分析结果。

3. AB 分析法

AB 分析法是指为实现同一个目标而定制的 A、B 两个方案，A 为目前方案，B 为新方案，通过测试比较这两个方案所关注的重要数据，然后直接选择效果更好的那个方案。

例如，在直播带货前期，为了更好地优化商品组合，都会上架多个商品，分别测试各个商品的数据，最终选出各项数据都较好的商品为该直播间带货的主要商品。

4. 特殊事件分析法

事件分析法是一种用于研究重大事件对公司层面变量短期影响的计量方法；而特殊事件分析法是指当出现特殊事件时的数据异常情况。例如，在分析直播数据时，有的数据异常可能与某些特殊事件相关，如直播入口改变、账号标签变更、开播时间变化等。因此在分析直播数据时，也要注意记录这些特殊事件，以便分析数据变化与特殊事件之间的关系。

6.1.4 直播数据分析常用指标

在直播数据复盘的过程中，主播必须进行数据分析，在回顾直播流程时用数据量化地总结直播表现。直播间的后续操作有很大一部分要通过数据指引方向，主播可以分析数据来制订相应的执行方案并进行测试，以优化直播数据。

以抖音直播为例，直播间数据分析的常用指标包括如图 6-15 所示的观众画像数据指标、流量数据指标、互动数据指标、转化数据指标四大类。下面以第三方数据分析工具"蝉妈妈"为例来介绍抖音直播间数据分析的常用指标。

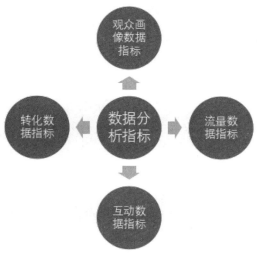

图 6-15　直播间数据分析的常用指标

1. 观众画像数据指标

观众画像数据指标包括观众的性别分布、年龄分布、地域分布等。通过观众画像数据指标分析，有利于更全面地了解直播间的观众特征，从而提供对其胃口的内容及商品，提高观众的下单欲望和下单金额。例如，某抖音直播间的观众性别分布与年龄分布如图 6-16 所示。

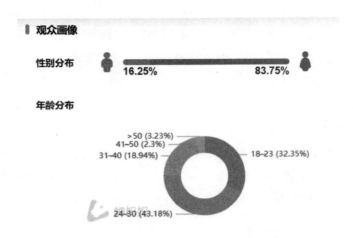

图 6-16　某抖音直播间的粉丝性别分布与年龄分布

通过对该直播间观众的性别和年龄分析来看，该直播间的观众主要是 24~30 岁的女性，这类人群可能对服饰、美妆等商品比较感兴趣，在选品时重点考虑这类商品。

2. 流量数据指标

流量数据指标包括直播间的在线人数、进场人数、离场人数，以及累计观看、人气峰值和平均停留时长。图 6-17 为某直播间的在线流量趋势图。

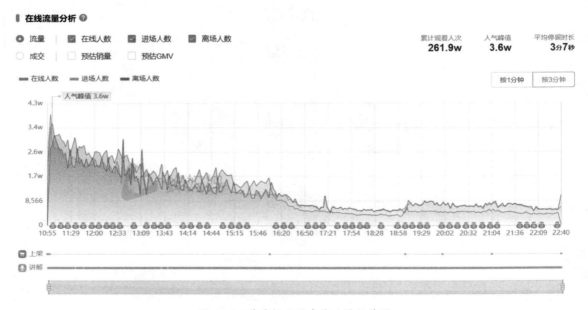

图 6-17　某直播间的在线流量趋势图

3. 互动数据指标

互动数据指标包括互动情况和弹幕热词。其中，互动情况主要是分析直播间的累计点赞数和累计评论数。图6-18为某直播间的累计点赞数和累计评论数趋势图。

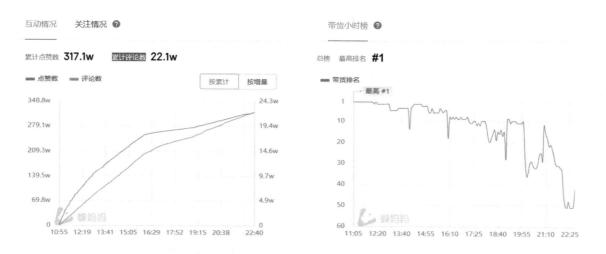

图6-18　某直播间的累计点赞数和累计评论数趋势图

弹幕热词又称弹幕词云，词云是指通过形成关键词云层或关键词渲染，对网络中出现频率较高的关键词进行视觉上的突出，它过滤掉了大量文本信息，使浏览者可以一眼看到文本主旨。某直播间的弹幕热词如图6-19所示，主要集中在"开价""小黄""左上角"等。

图6-19　某直播间的弹幕热词

4. 转化数据指标

转化数据指标则主要包括累计观看人次、商品点击次数、商品销量以及转化率。主播可在直播后台或数据分析工具中查看这些数据，图6-20为某直播间的转化漏斗图。

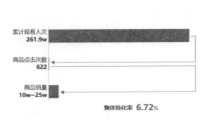

图 6-20　某直播间的转化漏斗图

6.2　直播复盘与总结

在熟悉了直播数据分析思路与常用指标、方法后，要结合数据对直播做复盘与总结。例如，对一场直播数据进行分析，找出可优化的地方；总结直播问题等。

6.2.1　直播数据分析

直播数据复盘工作一般会借助专门的数据分析工具或者利用直播软件的数据分析功能来完成。比如，淘宝直播的数据复盘主要是通过"淘宝主播"App 的数据功能来完成的，如图 6-21 所示。目前，"淘宝主播"App 的中控台已经与"生意参谋"等店铺数据分析工具相关联，可以将直播销售数据实时反馈回来。

下面我们以某直播间的直播数据为例，如图 6-22 所示，来为大家讲解具体怎么查看和分析各项直播数据。

（1）观看次数：12.37 万，表示当场直播有 12.37 万人观看。

（2）直播间浏览次数：21.97 万，表示当场直播有 21.97 万次的浏览量，其中包含同一用户来回反复浏览的次数。

（3）实时在线人数：218 人，表示当场直播的实时活跃在线人数。

（4）封面图点击率：4.67%，该数据指标一般在 3～5% 比较正常；如果该数据指标在 5% 以上，说明封面图效果很好，大多数用户是因为封面图才点击进入直播间的。

（5）平均观看时长：92 秒，表示当场直播的人均停留时间。人均停留时间越长，说明直播间对用户的吸引力越大。该数据指标对于提高直播权重来说非常重要。

（6）新增粉丝数：430 人，表示当场直播新增加了 430 个粉丝，该数据指标能够体现当场直播的"增粉"能力究竟如何。

（7）商品点击次数：9.20 万，表示用户通过直播间商品链接点击商品的次数，商品点击次数越多，说明用户购买商品的可能性越大，同时也说明了主播对用户的引导是比较成功的。该数据指标对于直播间商品的销售转化来说是非常重要的。

（8）引导成交笔数：614 笔，表示当场直播的商品成交单数。

（9）引导成交金额：3.82 万，表示当场直播的商品成交金额。

图 6-21　"淘宝主播"App 的数据功能　　图 6-22　某直播间的直播数据

通过对以上直播数据进行逐一分析，能够全面了解当天直播的相关情况，发现直播中存在的一些问题，并及时解决这些问题。比如，某场直播的观看次数很高，但引导成交笔数和引导成交金额却很低，那有可能是商品的选品不行，也有可能是主播的销售引导能力较差。

又比如，某场直播的封面图点击率较低，那么用户进入直播间的可能性也很低，说明该场直播的引流效果较差。这时运营人员可以通过不同的封面图去进行测试，当某张封面图的点击率达到一个较好的水平，且比较稳定的情况下，运营人员就可以一直使用这张直播封面图，来保证直播流量入口的吸引力。

除了直播结束后的数据复盘，在直播过程中，运营人员也可以通过查看当场直播的各项实时数据，及时对当场直播进行相关的战略调整。

6.2.2　总结直播问题

在进行直播复盘时，除了要对直播数据进行分析，还要进行直播经验总结，以便今后能够更好地开展各项直播工作。直播经验总结分为 3 个部分，分别是个人总结、团队讨论和经验提炼。

1. 个人总结

个人总结这个板块，一般是由主播团队的成员来完成。比如，由主播和主播助理分别来对当场直播的个人表现、总体运营情况、直播间氛围、团队配合情况等进行一个总结。这样做能够比较及时地反馈当场直播的情况，有助于运营人员了解当场直播的每一个细节，做好相应的应对策略。主播是最了解整体直播情况的人，对于直播的互动和销售更是起到了绝对的主导作用，所以主播的个人总结对直播复盘来说非常重要。一个好的主播一定要擅于在每一次直播中总结经验，不断地去提升自己的直播能力。

2. 团队讨论

很多直播团队在一场直播结束后都会第一时间召集团队中的所有人员开会，进行直播复盘，然后讨论下一次直播的选品等问题。在进行直播复盘时，团队讨论很有必要，一般运营人员、主播、场控等都会逐一发言，然后对当天直播中好的点与不足的点进行分析，找到问题并且解决问题。直播团队讨论一般会涉及4个方面的内容，如图6-23所示。

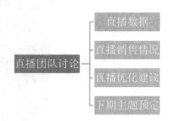

图 6-23　直播团队讨论所涉及的内容

3. 经验提炼

每个直播团队都有自己的一套规则与方法，这也是一个直播团队的核心竞争力。在直播复盘中，运营人员应该根据直播数据分析结果和总结经验，为今后的直播工作提炼出一套标准化流程。

6.2.3　制订直播优化方案

直播平台的评判系统是非常聪明的，如果直播间在本次直播时表现很差，那么下次该直播间直播时，平台就不会给予它更多的展示和曝光了；相反，如果直播间在本次直播时表现很好，那么下次该直播间直播时，平台就会为其提供更多的展示和曝光机会。所以，想优化直播间，就必须提升直播间的各项数据，如在线数据、留存数据以及转化数据等。这里介绍一些提升这些数据的方法与技巧。

1. 提升直播间在线数据

影响直播间在线数据的关键因素主要是访客的停留时长。访客在直播间停留时间越久，说明直播内容的吸引力越强，直播间的热度也会越高。访客停留时长主要受直播内容和直播间环境两大因素影响。

（1）直播内容。

如果访客一进入直播间就立马退出来了，那肯定是没有办法为直播间增加热度的，所以，如何留住进入直播间的访客就显得至关重要了。访客最后是否会选择停留在直播间，停留多久，更多的还是取决于直播的内容，所以直播脚本的策划必不可少，主播一定要梳理清楚直播的内容，并且掌控整场直播的互动节奏，让整场直播有趣而不枯燥。

一般来说，直播内容中可以设置一些抽奖或者送礼的小活动来吸引访客的注意力，比如观看直播时长达到1分钟即可领取优惠券。主播需要在直播过程中向访客反复强调这些活动，引导访客关注直播间，从而锁住访客，就可相应地提高访客的停留时长。例如，某直播间设置的"主播好礼"活动，首先关注主播可以领取"100-10"的优惠券，其次观看直播满10分钟可以领取"50-5"的优惠券。

（2）直播间环境。

很多商家或达人都会忽略直播间的布置，其实直播间的环境和背景布置非常重要。直播间的环境背景是访客对该直播间的第一印象，如果第一印象不好，访客自然不会愿意留在直播间与主播进行深入的互动。

所以，运营人员一定要注意直播间的背景布置，直播背景一定要与主播或者品牌的风格相统一。

2. 提升直播间留存数据

直播间的留存数据可以很好地印证直播间是否有能力让更多粉丝经常回访，同时也可以为直播间排除"刷粉"的可能性。直播间的留存数据主要与粉丝回访、同时在线人数、引导关注和互动分享4个方面的权重有关。

（1）粉丝回访。

粉丝回访主要会涉及3部分内容，分别是主播的个人魅力、商品的更新速度以及粉丝分层设置。

主播的个人魅力：在直播中有一个很重要的概念，叫作"关注欲"。

商品的更新速度：商品的更新速度对于粉丝回访来说也是非常重要的。在直播带货领域，翡翠玉石行业之所以能做得风生水起，其主要原因就在于该行业的商品几乎都是孤品，每一次直播的商品都不一样，能够带给粉丝很强的新奇感，从而迫使他们长期留守直播间。翡翠玉石行业的商品更新频率远远大于任何一个行业，这也为销售该类商品的直播间进行粉丝留存奠定了很好的基础。

粉丝分层设置：为了增加粉丝回访概率，可以对直播间粉丝进行分层设置。比如，某直播间将粉丝分为新粉、铁粉和钻粉，不同的粉丝层级可以享受不同的待遇，拥有不同的福利。粉丝的层级越高，可以获取的福利也越多，这样就会促使很多粉丝每天到直播间来"打卡"，以提升自己的粉丝层级。

（2）同时在线人数。

在直播间，每分钟都有人进来，每分钟也会有人出去，所以直播间的同时在线人数总是在不断变化。作为直播间的运营者，需要通过直播的内容、商品和福利，最大限度地将进入直播间的观众留在直播间，这样才能有效提升直播间的在线人数。

在判断一个主播能力的时候，往往会参考的一个数据就是同时在线人数，因为同时在线人数反映的是主播的留客能力。例如，每隔半小时观察直播间在线人数，如果是正增长，说明主播能不断地将观众留在直播间；反之，则说明主播的留客能力较差，需要在内容和直播技巧上进行一些调整和改进。

不过在观察这个数据时需要注意一些外在因素的影响，例如，主播从18点开播，到了19点后直播间人数开始正增长，此后不断有人进出，这很有可能是因为到了晚上高峰期时段，平台的流量自然增长所带来的结果。所以在播后复盘的时候，运营人员还需要参考直播间观看次数以进行对比。

（3）引导关注。

在直播间中，主播会通过各种途径去吸引粉丝关注直播账号。但如果想让进入直播间的观众去关注自己的直播账号，将其变为自己粉丝，就必须给观众一个充分的关注理由，也就是前面所说的激发观众的关注欲。让观众关注直播账号的常见理由有以下几个。

- 观众很喜欢直播间的商品，虽然这次直播没有购买商品，但下次观看直播的时候有可能会购买商品，关注直播间是为了方便下次观看直播时，能够快速找到该直播间。
- 直播间的活动很丰富，经常为观众发福利，比如每次直播都有整点发红包的活动。
- 关注主播、关注直播间可以领取优惠券等福利。

除了上述所列的关注理由以外,让观众关注直播账号的理由还有很多,关键就看直播间给出的这些关注理由有没有吸引力,能不能成功让观众点击按钮。

(4)互动分享。

直播不是主播一个人的"自嗨",粉丝们一定要有参与感,因为只有氛围活跃的直播间才能吸引到更多的粉丝。要想调动直播间粉丝的积极性,抽奖、限时秒杀等活动都是不错的办法,但在设置这些活动时需要一定的技巧。例如,某直播间让粉丝们在留言中打出数字"666",即可参与直播间1.9元秒杀大礼包的活动。

除此以外,主播还可以通过提问的方式,来增加与粉丝之间的互动。为了照顾到部分粉丝的感受,主播也可以自己点该粉丝的名字,这样粉丝会更愿意主动与主播进行互动。

直播平台也希望能够从站外引入更多的流量,所以十分看重用户的分享行为,因此,分享这一行为在直播间的权重占比也是非常大的。运营人员可以在直播间设置分享即可领取优惠券的活动,并让主播在直播中引导粉丝参与分享领券的活动。主播也可以直接在与粉丝聊天或讲解商品的过程中,不经意地引导粉丝将直播间分享给其他朋友。

3. **提升直播间转化数据**

直播间的转化数据是指本场直播的销售金额,在直播间中能够影响转化数据的行为有3个,分别是点击商品、加购和点赞。

(1)点击商品。

直播商品的点击率是提升直播间转化数据的一个重要因素,主播在直播过程中一定要注意引导粉丝经常到购物袋去查看直播商品,最好能够促使粉丝点击商品链接,进入商品详情页进行查看。

粉丝在直播间查看直播商品时,通常会在购物袋中一件一件地点击进行查看,所以,直播间销售的商品数量越多,粉丝点击商品的概率也就会越大。另外,制作的直播商品主图一定要十分精美、有吸引力,让粉丝看一眼就能产生点击的欲望。

主播也可以将本场直播的主推商品或者热卖商品置顶,并在直播过程中人为地引导粉丝去查找商品链接。比如,在介绍商品时,说清楚该商品在几号链接,以方便粉丝查找;或者让粉丝联系客服,并通过对暗号的方式,为粉丝提供商品链接。

(2)加购。

很多主播会认为:粉丝到了"加购"这一步就意味着要下单成交了。因此,主播会把加购和成交看成同一件事,但事实上,加购并不等于成交,而且粉丝加购物车的这个行为也将直接影响直播间的转化数据。有的粉丝为了刷亲密度,会主动去加购物车;也有的粉丝加购是为了先关注这个产品,要不要下单购买还需要再考虑。但是只有在主播的人为引导下去进行的"加购"行为,才能有效提升直播间的权重,所以,主播需要不断引导粉丝进行加购,还需要让粉丝多点击产品,引导粉丝浏览产品详情页。

在直播间的权重数据中,直播间产品的点击次数其实也是影响直播间权重的因素之一,如果主播把一个产品上架放入产品列表,但在整场直播中,该产品都没有粉丝点击,那么直播间的观众就会认为这个产品没有吸引力,都没人点击,这就是产品点击次数背后所代表的意义。

我们发现直播间产品上架往往会有两种方式:一种是把当场直播需要销售的产品全部一次性都上架,然后主播按照顺序一个一个讲解。另一种是主播该讲哪个产品了,就把这个产品上架,等把该产品介绍完,就倒数10秒,然后下架再上架下一个产品,这样直播间永远都只有一个产品。

那么,采用哪一种方式上架的产品更加容易被粉丝点击呢?通过统计,我们发现往往是"主播讲解一个产品,上架一个产品"的方式更容易使粉丝点击产品链接,同时,这样还可以防止粉丝误点击。所以,主播在直播中除了关注粉丝有没有成交,更需要做的是不断引导粉丝去加购,去点击产品浏览产品详情页,这样可以有效增加直播间的权重。

(3)点赞。

大部分主播都会认为,点赞是直播间权重的重要影响因素之一,但事实上点赞所占的比重并不高,主要是因为平台系统很难判断直播间的"点赞"行为是不是内部人员在操作。

直播间的点赞量虽然对直播间权重的影响并不大,但点赞属于直播间的整体互动行为,对于活跃直播氛围有着至关重要的作用。主播在直播时,往往会引导粉丝一边看直播一边点赞。比如,有的主播会告诉粉丝,点赞达到一定数量就进行抽奖或者发福利等,利用这种方式鼓励更多粉丝进行点赞操作。这样做的好处是能够使粉丝成为直播的参与者,提升粉丝对直播间的黏性,因此,点赞是主播与粉丝互动的重要工具之一。主播同样也可以通过"设置优惠券+主播口头引导"的方式,来促使粉丝为直播间点赞。

只有各项数据都表现优异,才能提升直播间权重,从而提升直播效果。大家应该掌握这些常见的可提升直播在线数据、留存数据和转化数据的小技巧,如关注有礼、粉丝福利、抽奖活动、开门红包、引导评论、限量限价、价值刺激等。

 任务实训

任务 分析直播数据

任务描述

小王在朋友们的帮助下入职了一家直播电商公司,作为一名职场新人,在运营人员的带领下进行了一次直播数据分析相关的培训。在培训中,虽然了解了多个直播数据,但因为她还不会系统地分析,故对直播间情况不太了解。通过本次任务,帮助小王分析直播间的数据表现情况。

任务目标

（1）学生能够借助平台学会查看直播数据情况。

（2）学生能够尝试分析直播数据。

任务实施

提供一家直播数据情况，让学生尝试分析该直播间的运营状况（设计分析表格让学生填写，如下表所示）。

分析表格

数据名称	数据情况	分析
观看次数	12.37 万	
直播间浏览次数	21.97 万	
实时在线人数	218 人	
封面图点击率	4.67%	
平均观看时长	92 秒	
新增粉丝数	430 人	
商品点击次数	9.2 万	
引导成交笔数	614 笔	
引导成交金额	3.82 万	

【项目评价】

【项目评价表 1——技能点评价】

序号	技能点	达标要求	学生自评		教师评价	
			达标	未达标	达标	未达标
1	掌握直播数据分析的思路与指标	1. 掌握数据分析的四大思路 2. 掌握数据分析常用的指标				
2	熟悉直播数据常用分析工具	1. 熟悉直播后台的直播数据获取 2. 熟悉飞瓜数据的直播数据获取 3. 熟悉蝉妈妈的直播数据获取				
3	掌握直播数据分析常用方法	1. 掌握对比分析法的使用 2. 掌握细分分析法的使用				
4	掌握直播复盘与总结	1. 能从个人总结、团队总结及经验提炼三方面对直播进行总结 2. 知道从提升直播间在线数据、留存数据及转化数据等方面制定直播优化方案				

【项目评价表 2——素质点评价】

序号	素质点	达标要求	学生自评		教师评价	
			达标	未达标	达标	未达标
1	洞察能力	1. 具备敏锐的观察力 2. 善于搜集有用的资讯				
2	总结归纳能力	1. 具备较强的分析总结能力 2. 逻辑思维能力强，善于分析相关资料并归纳总结				
3	独立思考能力和创新能力	1. 遇到问题善于思考 2. 具有解决问题和创造新事物的意识 3. 善于提出新观点、新方法				
4	实践能力	1. 具备社会实践能力 2. 具备较强的理解能力，能够掌握相关知识点并完成项目任务				

 思政园地

【思政案例】

为了进一步巩固脱贫攻坚成果，真正让脱贫攻坚成果同乡村振兴有效衔接，贵州省乡村振兴局纵深推出"宣传促销行动"，特邀某主播作为"贵州省乡村振兴助力官"，助力贵州特色农产品的线上推广和销售，持续带动农户增收。

2021年9月19日20点，该主播直播间特设"贵州乡村振兴小专场"公益助农直播环节，贵州酸汤粉、辣子鸡酱等当地特色产品也进入直播间并相继1秒卖空。当晚直播观看人数逾1200万人次，成交件数超过5万件。

作为直播电商行业的公益先行者，该主播表示："作为互联网营销师，直播助农是我们应尽的责任，未来我们将继续拓宽公益助农边界，助力乡村振兴。"直播行业需要更多主播去推动行业标准化建设，完善行业规范，才能让更多好的产品、好的设计通过直播间被看见、被体验。

请针对上述案例思考以下问题。

（1）你对"贵州乡村振兴小专场"直播观看人数及成交件数有什么看法？

（2）地方特色产品应该策划什么主题才能取得更为理想的直播数据？

课后习题

一、选择题（单选）

（1）反映直播互动评论数据的主要形式是（　　）。
　　A. 在线人数　　　　B. 弹幕词　　　　C. 点赞数　　　　D. 关注数

（2）直播数据分析的常用方法不包括（　　）。
　　A. 观察法　　　　B. 对比分析法　　　　C. 特殊事件分析法　　　　D. AB 分析法

（3）制订直播优化方案的数据不包括（　　）。
　　A. 直播间在线数据　　B. 直播间用户数据　　C. 直播间转化数据　　D. 直播间留存数据

（4）以下选项中，（　　）是直播数据分析思路的最后一个环节。
　　A. 获取数据　　　　B. 统计数据　　　　C. 确定分析目标　　　　D. 分析数据

二、选择题（多选）

（1）人气数据包括（　　）。
　　A. 累计观看人数　　B. 平均在线　　　　C. 累计点赞　　　　D. 本场音浪

（2）直播间数据分析工具包括（　　）。
　　A. 账号后台　　　　B. 飞瓜数据　　　　C. 蝉妈妈　　　　D. Excel

（3）直播间数据分析常用指标包括（　　）。
　　A. 流量数据指标　　B. 互动数据指标　　C. 转化数据指标　　D. 粉丝画像数据指标

三、判断题

（1）直播数据只能通过数字、文字形式表现出来。（　　）

（2）直播数据只能在直播后台获取。（　　）

（3）直播要想优化方案，就需要提高直播间在线数据、留存数据和转化数据。（　　）

（4）不同时期的数据对比属于对比分析法。（　　）

四、简答题

（1）电商数据分析中常用的方法有哪些？

（2）电商数据分析中常用的指标有哪些？